英汉比较与跨文化交际能力的培养

刘 浩 著

中国纺织出版社

内容简介

交际能力是人在社会生活中必须具备的一项技能，跨文化交际能力则在此基础上进行了地域的拓展。在当前社会，国际交往越来越密切，所以培养更多具有跨文化交际能力的人才是十分必要的。本书主要围绕英汉两种语言，进行语言、文化的分析和比较，并在此基础上进行跨文化交际能力培养的探讨。本书将内容分为三部分：第一部分，对语言、文化、交际之间的关系进行概述；第二部分，对中西方文化以及英汉语言的差异进行分析；第三部分，以英汉语言为坐标，对跨文化交际能力的培养做具体论述。本书以英汉语言为例，探讨中西方语言和文化间的差异以及以此为中心展开的跨文化交际能力培养的研究，适合对此部分内容感兴趣的教师和学生，以及从事相关研究事业的读者参考使用。

图书在版编目（CIP）数据

英汉比较与跨文化交际能力的培养 / 刘浩著 . -- 北京 : 中国纺织出版社，2018.7

ISBN 978-7-5180-4276-0

Ⅰ . ①英⋯ Ⅱ . ①刘⋯ Ⅲ . ①对比语言学 — 英语、汉语②文化交流 — 研究 Ⅳ . ① H31 ② H1 ③ G115

中国版本图书馆 CIP 数据核字 (2017) 第 272808 号

责任编辑：武洋洋　　　　责任印制：储志伟

中国纺织出版社出版发行

地址：北京市朝阳区百子湾东里 A407 号楼　邮政编码：100124

销售电话：010–67004422　传真：010–87155801

http：//www.c–textilep.com

E–mail：faxing@e–textilep.com

中国纺织出版社天猫旗舰店

官方微博 http：//www.weibo.com/2119887771

北京京华虎彩印刷有限公司印刷　　各地新华书店经销

2018 年 7 月第 1 版第 1 次印刷

开本：710 × 1000　1/16　印张：12.5

字数：224 千字　定价：58.00 元

凡购本书，如有缺页、倒页、脱页，由本社图书营销中心调换

前　言

长期以来，英汉语言文化差异始终是制约中国人与英美人有效沟通的主要因素。如果对英汉语言文化缺乏必要的了解，那势必将影响甚至阻碍跨文化交际。因此，教师一定要让学生真正懂得英汉语言文化的差异，以培养出符合新时代社会发展需求的、具备过硬跨文化交际能力的新型人才。

虽然国内诸多学者在英汉对比与跨文化交际能力的培养方面分别做了较深入的研究，但是，把英汉比较与跨文化交际结合起来进行探讨的却较为少见。作者在近三十年的高校英语教学和研究过程中发现：有不少学生经过十余年的学习，虽能较熟练地掌握英语技能，但其跨文化交际能力仍很薄弱，根源主要就在于他们缺乏对英汉两种语言文化差异的深入了解。为了增强学生们英汉差异意识，强化其英汉差异的识别力，使其跨文化交际活动更加有效、更加顺畅，作者尝试撰写此书。

本书共分六章，第一章主要围绕语言、文化与交际的相关内容进行总体阐述，主要包括文化的内涵、语言与文化、文化与交际等内容；第二章重点对中西文化差异进行比较，主要包括中西思维模式比较、中西价值观比较、中西生活习俗比较以及中西文化差异的表现形式等内容；第三章主要对英汉语言异同予以详细讨论，包括英汉语音对比、英汉词汇对比、英汉语法对比以及英汉语篇对比等内容；第四章主要介绍了跨文化交际的内涵与途径，内容包括跨文化交际的内涵、跨文化言语交际、跨文化非言语交际以及跨文化交际研究等；第五章侧重讨论了跨文化交际的影响因素，包括环境因素、语言文化因素以及心理因素等内容；第六章作为本书的最后一章，对跨文化交际能力的构建与培养做出了具体阐述，内容包括跨文化交际能力的概念、分类、构成要素以及培养等。

总体说来，本书内容翔实，逻辑清晰，与时俱进，可读性强，以期具有较高的学术研究价值和应用价值，同时结合一些生动的英汉实例，用以激发读者的阅读兴趣，增强读者对英汉比较与跨文化交际能力培养的全面认识与理解。

本书是在参考了大量中外文献的基础上，结合本人多年的英语教学研究和实践经验撰写而成的。在本书的撰写过程中，作者得到了南京财经大学有关领导和同事们的大力支持和帮助，特别是邱伟芬副校长、张为付部长和李杏处长以及外国语学院的肖辉教授、孙勇彬教授、陈成辉副教授等，他们从专家的角度或从实践层面给予更多的启发和忠告，让我得以分享他们的智慧和学识，使我不至于思路枯竭或言之无物；此外，本书在撰写过程中，还得到了本人妻子和女儿的鼎力支持和温馨鼓励，在这里，作者一并表示最衷心的感谢。

由于作者水平有限，虽然经过了细致的酝酿、认真的撰写和反复的修改，但书中仍不免存在一些疏漏或不足之处，恳请广大读者批评斧正。

作者

2018年1月

目　录

第一章　语言、文化与交际概述

语言学习的主要目的是为了交际。一个人对语言的学习，对文化的了解，最终的目的就是为了提高自己的交际能力。外语学习更是离不开对中外语言和文化的学习和比较，外语学习的最终目的是为了提高跨文化交际能力。

在语言、文化、跨文化交际三者的关系中，语言反映文化，文化反过来影响语言的使用和发展，在以一种语言为媒介的跨文化交际中，交际者应遵循该语言的文化语用规则。本书对英汉比较与跨文化交际能力的培养进行探讨，首先要了解其基本要素，即语言、文化与交际，下面分别就这三个方面进行具体论述。

第一节　文化的内涵

文化的内涵，主要包含四个有关的内容，它们分别是文化概念、文化分类、文化特点和文化功能，为了读者更好地理解，我们分别对其进行具体论述，内容如下。

一、文化概念

通常情况下我们认为：所谓的文化是人们内心思想、意识和观念的集合。其从古代发展到现代我们所生活的时代，含义已经是非常丰富了，下面进行具体介绍。

（一）古代

1. 古代对“文”的解释。《易·系辞下》：“物相杂，故曰文。”《礼记·乐记》曰：“五色成文而不乱。”

一方面，在这儿体现的是“文”的本义，即各色交错的纹理。另一方面，文也有“文治”的意思，与“武治”相对。

2. 古代对“化”的解释

《易·系辞下》曰：“男女构精，万物化生。”《黄帝内经·素问》曰：“化不可代，时不可违。”一方面，在这儿体现的是“化”的本义，即改易、生成、造化，表示事物在形态或性质方面的改变。另一方面，文化中的“化”即“教化”，是“文”延伸的结果，不仅表示群族精神活动与物质活动的共同规范，还表示这些规范在精神活动和物质活动中得以产生、继承、传播和认同的过程和手段。

3. 古代对“文化”的解释

《易·贲卦·象传》：“刚柔交错，天文也。文明以止，人文也。观乎天文，以察时变。观乎人文，以化成天下。”一方面，指出治国者须要去观天文，以了解时序的变化，又要察人文，使天下的人都可以遵从文明与礼仪，行为止其所当止。另一方面，充分体现了我国古代人们推崇的“以文教化”的思想。

综上所述，我们可以知道：“文化”是中国语言系统中从古代就有了的词语。其中，“文”有“文治”的意思，“化”为“教化”，战国时期被简化并合称为“人文教化”，意为用知识教育训导子孙后代。

（二）现代

1. “文化”的词典词义

（1）现代汉语词典对这一词义的解释

最新的《现代汉语词典》（第7版）给文化的定义如图1-1-1所示。

> 1）人类在社会历史发展过程中所创造的物质财富和精神财富的总和，特指精神财富，如文学、艺术、教育、科学等。
> 2）考古学用语，指同一个历史时期的不依分布地点为转移的遗迹、遗物的综合体。同样的工具、用具，同样的制造技术等，是同一种文化的特征。如仰韶文化、龙山文化。
> 3）指运用文字的能力及一般知识：学习文化，文化水平。

图1-1-1 《现代汉语词典》对文化的定义

（2）韦伯斯特新世界大学词典对这一词义的解释

美国第四版《韦伯斯特新世界大学词典》对“文化（Culture）”一词所下的定义如图1-1-2所示，该“文化”的解释与现代汉语词典对“文化”

的解释更为全面。

1) cultivation of the soil

2) production, development, or improvement of a particular plant, animal, commodity, etc.

3) a) the growth of bacteria, microorganisms, or other plant and animal cells in a specially prepared nourishing fluid or solid b) a colony of microorganisms or cells thus grown

4) a) development, improvement or refinement of the intellect, emotions, interests, manners and taste b) the result of this; refined ways of thinking, talking and acting

5) development or improvement of physical qualities by special training or care

6) a) the ideas, customs, skills, arts, etc. of a people or group, that are transferred, communicated, or passed along, as in or to succeeding generations b) such ideas, customs, etc. of a particular people or group in a particular period; civilization c) the particular people or group having such ideas, customs, etc.

图1–1–2 《韦伯斯特新世界大学词典》对文化的定义

2. “文化”的广义概念

本书所研究的是它的广义概念。中文的广义概念：侧重指包括文学、艺术、教育、科学等在内的知识集成。英语对“文化”广义概念：侧重于指某一人类群体所体验、所形成的习俗、行为方式以及思维、信仰、道德的模式。到目前为止，有关文化的广义概念的各种表述如下。

（1）英国的泰勒（Edward Tylor）对文化的定义。“文化是一个复合体，其中包括知识、信仰、艺术、法律、道德、风俗以及人作为社会成员而获得的任何其他能力和习惯。”其于1871年在其所著的《原始文化》一书中提出该概念，也是一个比较为人们熟知的概念。

（2）金惠康在《跨文化交际翻译续编》中对文化进行定义。“文化作为一种复杂的社会现象，主要是社会的生产方式、生活方式、人际交往方式或是价值观念、道德规范、社会准则等行为方式所构成的复合体。”

（3）辜正坤在《互构语言文化学原理》中的文化定义内容。“所谓文化，指的是人和环境互动而产生的精神和物质成果的总和，包括生活方式、价值观、知识和技术成果及一切经人的改造和理解而别具人文特色的物质对象。”

（4）张岱年在《中国文化论争》中给出的文化定义。“文化总是既作为人类在人本身的自然及外部自然的基础上、在社会活动中创造并保存的内容之总和而存在，又总是作为一种活生生的创造活动而演化。”

综合以上文化广义概念的说法，我们认为，文化是指：某个族群在一定的时间范围内所创造的一系列物质财富和精神财富，这些财富不仅仅指我们常说的经济方面的财富，还包括其他方面，如文学的财富——文学的发展与积累、保障的财富——科教文卫全面发展，社会的财富——艺术创造氛围等。

3. “文化”的衍生义

文化还有一部分衍生义，即人们的思想观念、社会文化风俗、人在社会中生存的默认法则等。另外，我们要注意：文化也是实践的产物。实践可以产生我们如今所知道的各种各样的文化，是文化的产生来源。

二、文化分类

一般情况下，我们对文化的分类主要根据以下几个不同的方面进行，它们分别是根据文化概念侧重点不同对文化分类、根据文化语境的不同关系对文化分类、根据文化的不同表现形式对文化进行划分、根据文化的不同层次对文化进行划分、根据文化所处行业的不同内容对文化进行分类。下面进行具体介绍。

（一）根据文化概念侧重点不同对文化分类

在文化的概念基础上，根据侧重点的不同对文化进行分类，我们可以把文化划分为知识文化和交际文化。金惠康对文化的研究比较深入，也对知识文化和交际文化有一番独到的论述，即：“所谓知识文化，主要是指非语言标志的，在跨文化交际中不直接产生严重影响的文化知识，主要是呈物质表现形式，如文物古迹、艺术品、实物存在等。交际文化主要指在跨文化交际中直接发生的影响，在语言中隐含有文化信息。……它主要以非物质为表现形式。”

1. 知识文化

（1）《辞海》对“知识文化”的定义。“为便于区分，人们习惯上将文化分为两类，把社会、政治、经济、文学、艺术、历史、哲学、科技成就等称为知识文化（Intellectual Culture）”。

（2）对知识文化进行分类。知识文化可以分为表层与底层知识文化。表层知识文化主要是指：在我们日常生活中易于观察到、易于理解的“表面”文化，通常包括建筑文物类与影视文艺类，我们一般不用对表层知识文化进一步认知；底层知识文化不可望文生义为低水平的知识文化，主要是指"深层次"知识文化，通常包括科学教育类和经济哲学类，其除了"表面"内容外，我们常常还需要对其进一步认知才能对其有一个较为准确的了解。

2. 交际文化

（1）《辞海》中对交际文化的定义。"把社会习俗、生活习惯、思维方式及行为准则等称为交际文化（Communicative Culture）"。

（2）对交际文化进行分类

交际文化可以分为外显和内隐交际文化。

①外显交际文化。外显交际文化同表层知识文化有一定类似之处，不过其跟人与社会之间的交往、联系更为密切，主要是指：人与社会交往中更容易看到和把握的文化，通常包括我们的日常生活习俗方面、行为规范等方面的内容，我们在平时会接触的外显交际文化较多。

②内隐交际文化。内隐交际文化，即我们常说的观念类、思维习惯类不易从外界直接看出来，必须得在一定情况下表现出才能察觉的文化，通常包括我们的世界观方面、看不见的信仰方面，以及我们对事物的内在认知等方面的内容。

综合以上，我们认为：不论是表层的还是底层的，外显的还是内隐的，都属于文化的范围，其都具备文化某一方面的特征，它们之间必定是存在各种各样联系的。不仅包括内部之间的联系（如文学与艺术之间的联系、影视与音乐之间的联系、建筑与文物之间的联系、经济与哲学和科学三者之间的联系、世界观与价值观和思维模式之间的联系等），还包括外部之间的联系（教育和文学之间的联系、情感与态度取向和哲学之间的联系等）。

另外，我们把表层知识文化与底层知识文化，外显交际文化和内隐交际文化和具体内容概括在下面的图1-1-3中。

表层知识文化：文学、艺术（美术、雕塑）、音乐、影视、建筑、文物等

底层知识文化：哲学、经济、科学、历史、法律、教育、语言学等

外显交际文化：生活方式、行为准则、社会习俗、道德规范

内隐交际文化：价值观，情感与态度取向

内隐交际文化：世界观，信仰

内隐交际文化：思维模式

图1-1-3　知识文化、交际文化的具体内容

同时我们需要注意：如果站在专家的角度来看，知识文化和交际文化作为文化的一个重要分类成果，两者（知识文化和交际文化）都是非常重要的，但交际文化，尤其是内隐交际文化的研究最有意义，不仅应该是文化语言方面的研究者最需要去研究的点，更是人们对文化进一步深入了解所必须去做的。这是因为，在文化中，知识文化伴随着人们的长期积累已经初步得到人们的开发，但交际文化近年来虽然也得到很快发展，但更多的是对他人研究成果的借鉴，为了发展我们自己的交际文化理论，还需要对我们身边的文化进行更深一步的认知。

（二）根据文化语境的不同关系对文化分类

根据文化语境的不同关系对文化分类可以将文化分为高语境文化和低语境文化。首先，通常情况下我们认为：语境（Context）主要包括两方面的内容，即文本的上下文情况和语言背景，顾名思义，即为语言交际中的前后语句和交际所发生的特定时间、地点以及背景等。其次，在我们的日常交际中，离不开对交际语境的把握和认知，不同的交际语境通常情况下有完全不同的语境文化。最后，根据这种不同交际语境所具有的差异性，美国的人类学家霍尔（Edward T. Hall）提出了该划分方式。我们一方面先对高低语境文化的概念进行阐述，另一方面会再对两者进行对比，从而对比产生出两者之间的差异。

1. 高、低语境文化的概念

（1）高语境文化

高语境文化，即与文化的语境关系非常的密切，基本上全部是依靠一定的交际背景和前后所了解到的话语内容进行交际的文化。霍尔认为：“高语境（High-context）的交际或信息是指，在这类交际或信息中，大多数信息要么存在于自然环境中，要么内化于交际者的头脑里，只有极少数信息是以符号代码的形式清晰而外显地加以传递的。”

另外，他还结合实例对高语境文化进行解释：中国等东亚国家的人们通常内敛含蓄，人们往往把很多方面的信息寄托于相互知道、并习以为常的语言环境和风俗习惯中的情况进行说明，如一个人对别人点头即表示肯定等。

（2）低语境文化

低语境文化，即很少依靠一定的交际背景和前后所了解到的话语内容进行交际，它主要是通过一定的语言符号来进行交际的文化。霍尔认为：

“低语境（Low-context）的交际则正好相反，大量的信息借助清晰外显的符号代码来传递。”他还结合实例对低语境文化进行解释：西方国家（如法国、加拿大等）的人们通常开放、直接（“想什么就直接说什么”），人们往往把想要表达的信息和意思直接通过很有表现力的语句和情深意切的话语的方式进行下去。

另外，有人对世界各人种所处为高语境文化还是低语境文化做过一个排名，其中高语境文化的前几名里，日本人的排名最高，接下来是中国人和朝鲜人，分列第二和第三。低语境文化的前几名里，德裔瑞士人的排名最高，接下来是德国人和美国人，分列第二和第三。

2. 高、低语境文化的差异

通常来看，我们认为高语境文化和低语境文化之间的差异主要表现在以下四个方面，下面对其做具体解释。

（1）同质性差异

一般情况下，高、低语境文化的同质性差异主要体现在历史积淀的过程中。

高语境文化国家的历史通常更为悠久且变化较小，即一个语境是在人们生活中经过长期演变而成的，往往一旦形成就不会有很大的改变。而人们之间相互交际的过程往往是在同一的语境下进行的，进而人们对该语境内容要素的认识基本较为相似，不会产生很大的分歧，也不需要进行各种各样的具体的说明。

相反，低语境文化国家的历史相对来说简短一些，其在一定时期内发展到现代的水平，更新换代的频率会更快一些，更新会常常伴随着语境文化的改变。而人们之间相互交际的过程往往就不会是在同一的语境下进行了，进而人们对该语境内容要素的认识也往往不一样，会产生很大的分歧，这时就需要进行各种各样的具体的说明。

（2）所需求的语言信息量的差异

一般情况下，高、低语境文化的所需求的语言信息量的差异主要体现在双方进行交际的过程中。高语境文化国家的人们在进行交际的过程中，往往只是把话语说到他们自己认为该说的地方，不再多说，不再进行具体解释以免对方不悦。低语境文化国家的人们在进行交际的过程中，往往是希望对方说得尽可能清楚一些，避免出现类似表意模糊之类的影响自己对语义的准确把握，以便自己更好地了解对方的详细语义。两者在交际的过程中因此常常会发生矛盾，如想听的人听不到对方的解释，不想听对方解释的人往往得到对方的大量无意义的解释。他们这样一定会产生各种不愉快。

（三）根据文化的不同表现形式对文化分类

通常情况下，根据文化的不同表现形式对文化进行划分，我们可以将文化分为不同的三个部分，它们分别是有关精神方面的文化、有关物质方面的文化和有关制度方面的文化。为了读者更好地理解这三个方面的内容，下面分别对其进行具体解释。

1. 有关精神方面的文化

（1）一般：精神文化

一般来看，我们是把有关精神方面的文化简称为精神文化的，有关精神方面的文化属于文化的一部分。包括文学（哲学、艺术）、宗教信仰（道德）、价值观（伦理）等方面的内容，这些内容都与人们的思想有关。主要涵盖的是文化中的意识形态所属的领域。

（2）具体：精神产品

具体来说，有关精神方面的文化也可以指代精神方面的具体产品，该具体产品的形成途径。主要来说，也是通过人们思维的活动而形成的。包括哲学宗教信仰方面和伦理道德方面等内容。

2. 有关物质方面的文化

（1）一般：物质文化

一般来看，我们是把有关物质方面的文化简称为物质文化的，有关物质方面的文化指的是实物文化，表现出来主要为具有特色的物化状态的文化形态。包括我们常见的房屋建筑、交通工具等。

（2）具体：物质技术和产品

具体来看，有关物质方面的文化指具体的与文化有关的技术和产品，是人们长期的历史发展进程中所必须要准备和克服的一项重要内容，也是人类改造自然的部分结果。

3. 有关制度方面的文化

（1）一般：制度文化

一般来看，我们是把有关制度方面的文化简称为制度文化的，顾名思义，有关制度方面的文化指的是结构文化，表现出来主要为人们在长期的生活中约定俗成的社会准则。主要包括法律、法规等。

（2）具体：组织手段

具体来看，有关制度方面的文化是由很多组织手段（包括监督、制裁等方面的）组成的用来保证我们所生活的世界和谐正常运转的，对国家和社会具有非常重要的意义。

（四）根据文化的不同层次对文化分类

通常情况下，根据文化的不同层次对文化进行划分，我们一般把文化划分为两个不同的类别，他们分别是：大众文化和精英文化。为了读者可以更好地了解这部分内容，下面我们分别对其进行解释。

1. 大众文化

一般我们所说的大众文化指与人民大众的生活关系比较密切、“接地气”的文化，如各地不同的风俗习惯等。

2. 精英文化

一般来看，指相对来说比较高雅、文化的参与主体主要为社会某一领域精英的文化，如专业的金融投资方向等。

另外，还有一种更高层次的文化，通常决定着整个社会的价值观念和行为模式，我们把它叫作社会风气。

（五）根据文化所处行业的不同内容对文化分类

一般来看，根据文化所处行业的不同内容对文化进行分类，我们可以把文化分为以下几个方面的内容：音乐文化、电影文化、体育文化等。具体来看，这些文化直接的界限划分相对比较清楚，也会进行交叉，具体根据产品中所涉及内容进行区分和辨认。

三、文化特点

文化的特点有很多，主要有以下几个方面的基本内容，它们分别是：文化是一个整体、文化是后天生成的、文化是不断发展的、文化具有民族性、文化具有可传承性、文化具有不可见性和可见性。

（一）文化是一个整体

文化的组成部分较多，包括很多不同的要素，文化即作为这些不同要素的组合体而存在，它是一个整体。这些不同的要素之间又有这样或那样的关系，如果对其中一个要素进行变动，常常会造成与该因素有关的所有因素的变动，可以说具有“蝴蝶效应”，如当年的美国由人权运动所引发的巨大反响甚至影响到了美国人的处世态度（行为方向）、价值取向等方面。该观点与霍尔关于文化该方面的观点类似，即“文化的各个方面是相互联结的——触动其中一处，其他各处就都会受到影响”。

（二）文化是后天生成的

1. 文化生成过程

文化不是世界自己产生的，它也是经过人们对经济、政治等方面的不断改进而生成的，我们人类所了解、知道的这么多的文化也不是与生俱来的。在这儿我们引用美国人类学家霍尔的原话：“既然文化是习得的，因此显而易见人们也就应该有能力传授文化”来表示人们的文化从无到有的产生过程，人们也一直在践行着这个行为活动，不断学习新的文化。

2. 文化生成内容

我们人类从小开始学习文化，学习了哪些文化并没有明确地罗列出来，但往往人们是会掌握这部分内容；很多人学会吃饭、走路往往都是在不经意间学会的，是在一定的周边氛围中学成的。

（三）文化是不断发展的

1. 文化的整体发展

一般情况下，文化是发展的，具有发展的基本特性，即动态的、向前的，并在向前的动态发展中不断变化。一方面，文化受到经济、政治等方面的影响不断进行形态更替，如清朝人留辫子而现代人不留；以前是农业文化，现在是信息文化，中间还有一个最重要的工业文化的过渡；另一方面，文化的发展反过来促进其他各方面，如经济、政治。同时，这一文化与那一文化，那一文化又与另一文化之间相互作用，最终促进各种文化的不断发展，如中国唐朝文化对日本文化的影响，日本明治维新后对中国文化的影响；国外的节日伴随着中国改革开放的不断深入与国内的传统节日一起构成新的节日文化，以及佛教文化的传播和中外留学热潮的进行等。

2. 文化的局部发展

文化的发展不一定是整体的发展，其还有可能是某一部分发展，某一部分不发展。一方面，英国“王室”文化，虽然几百年以前其经济、制度已经改变，并摆脱了落后的封建制度而变得更为“先进”，但其保留了“王室”传统“形式”，对其来说这一文化没有改变；人们的交流方式，曾经是用媒介，今天也是用媒介，但过去的媒介是“电报”，今天的媒介是电话，网络不一样。另一方面，也有不变的网络美国在20世纪90年代的大多数文化价值观仍沿袭美国18世纪新中国成立初的样子，并没有发生多大变化；我国的传统节日相对稳定、不易改变的情况等。

（四）文化具有民族性

1. 对文化民族性的理解

文化可以这样理解，即它是一定区域的人群，经过长期的共同生活、劳动和交往所形成的价值观念、思维方式和生活习俗等。其主体（一定区域人群）所指代的对象通常会以某个民族或某个人种的形式而存在，相应的，每一个民族或种族通常会在其长期的发展过程中形成自己独特的文化，以便与他族区分。民族或种族文化一旦形成，或多或少会对本民族成员产生一定的影响，有好的，也有不好的，如中华民族文化的形成，身为中华儿女的自豪感，是好的方面的影响；第二次世界大战期间德国以本民族为中心对犹太民族的“种族灭绝”政策则是不好的影响。

2. 要关注文化的民族性特征

我们要充分关注该民族性文化特征，提升民族自信心，但不能骄傲自满、盲目排外，这种观念或情绪的发展也会极大地影响到不同民族、各样人种之间的交往，导致合作共赢、和平共处的机会的丧失等。

（五）文化具有可传承性

1. 文化传承的必要性

文化具有可传承的必要：在人类的产生和发展进程中，人们经过时间和实践的检验产生了很多我们日常生活中不可或缺的文化，如礼仪文化、哲学文化等，需要我们在平时生活中不断使用。

因此，无论是知识文化、交际文化还是哪一类文化，它们都是前人的精神财富的总和，包括时间和经验的结晶，对我们来说无论如何都要保存下去，所以文化是需要传承的。

另一方面，文化有其传承的方式和渠道：人们把文化通过语言文字，通过大众媒介等，不同方式（如一代代人之间的口口相传或不断产生的书面语言等）渗到各种不同的载体之中供他人学习。

2. 文化传承的表现

文化的可传承性的表现可以从各国的优秀文化遗产和悠久的社会传统及习俗方面看，具体内容如下。

一方面，我国的优秀文化，如“文房四宝”笔墨纸砚、《清明上河图》、北京故宫以及诸子百家留下的传统文化或现代新发展而来的优秀文化也广为流传。另一方面，国外的优秀文明，如古埃及文明以为古印度文明、古罗马文明以及古希腊文明等，不仅保留了除了众多具有异族历史建筑风格和特色的古建筑外，还给我们留下了丰富多彩的故事背景，为今天的文化增添色彩。

另外，我们需要清楚：文化的传播，通常是在语言符号的基础上进行的。为了我们可以更好地对不同文化进行传播，我们还需要对语言符号进行充分关注和了解。

（六）文化具有不可见性和可见性

1. 文化不可见性和可见性的具体表现

一般来说，文化的不可见性和可见性是指：文化本身是看不见、摸不着的，它本身没有实物形态，因而是不可见的；虽然文化没有可以看见的实物形态，但它可以通过实物来反映出来。

2. 文化不可见性和可见性的具体案例

具体来看，举例如下。

语言，属于文化的一种。语言是看不见、摸不着的，它本身没有实物形态，因而“文化不可见”；但是我们之间是通过语言进行交流的，语言可以反映为具体的文字为我们所看见，因而“文化可见”。

四、文化功能

一方面，人类学家威廉·哈维兰德（W. A. Haviland）认为：文化是过去人们为了生活而创造并延续下来的，无论在什么时候都会对人产生一定影响，并利用它解决一定问题。另一方面，福勒尔（Fuller）认为：文化能让所有的事情变得简单。

由此可以得出：文化可以帮助人们更好地认识世界并改造世界，其具体介绍如下。

（一）更好地认识世界

1. 更好地认识经济、政治

文化是经济、政治的反映。我们可以通过文化所具有的一定特征来对一定区域的经济、政治情况进行初步了解。

2. 更好地认识生活道理

文化可以教会我们许多生活所必需的道理和行为模式，从我们的出生开始，文化就开始为我们提供了各种各样的“所学内容”，引导我们按一定的社会文化做决定，处理各种事务。在我们自己所属文化的不断陶冶下，我们逐步吸收、总结并变成与自己所属文化相契合的“某类”人群，我们有“某类人群”所具有的基本价值观、行为习惯、交往方式等。如果没有文化的引导和熏陶，没有特定的价值观、行为习惯、交往方式等，我们就会等同其他。

3. 更好地学到智慧

文化教导我们学习知识，让我们更好地了解世界，了解所处世界的发展历程等。使我们能更好地提高与大自然和谐共生的意识，更好地应对各种突如其来的灾难和风险，促进人类社会和人类自身的长远健康发展等。

（二）更好地改造世界

1. 更好地改造经济、政治

文化的长期发展让人们更好地认识世界，反过来也会帮助人们更好地改造世界。我们可以通过发展文化产业来促进经济的健康发展，并合理影响政治政策方面的调整。

2. 更好地改造生活

伴随着文化长久以来的不断发展，文化逐渐渗透到人们生活的各个方面，不仅保证了人们日常生活的多姿多彩，也促进人们的道德情操等不断提高，还成为人们的日常必需品，提供给人们日常所必需的服务。这也与马利诺夫斯基所认为的文化虽然满足人们需求（基本需求、派生需求、综合需求）的方式因具体的人和活动而有所差异，但人与活动都需要文化才能完好地生存下去的看法类似。

第二节　语言与文化

语言与文化作为我们人类生活的两个非常重要的内容，每天都被我们所使用和发展，它们之间的关系随着各自的不断发展，也渐渐进入人们的视野之中，其中，人类学家比较早地对该关系进行了研究。

一方面，德国人类学家洪堡曾经说过，一种语言与另一种语言的差别，究其本质来说，主要在于世界观方面的差别，而不是在于语言的发音方面和语言的文字与符号方面的差别。另一方面，美国的人类学家萨丕尔（Sapir）和沃尔夫（Whorf）在洪堡对语言与文化研究的基础上进一步对语言与文化之间的关系进行研究，并相应地扩大范围，扩大对象至语言与文化有关因素之间的关系，并提出了萨丕尔—沃尔夫假说（Sapir-Whorf Hypothesis），该假说在语言与文化关系方面的研究领域非常经典，直到今天仍被人们所参考使用。

下面，我们首先就语言与文化的相关重要理论（萨丕尔和沃尔夫联合提出的萨丕尔—沃尔夫假说）进行论述，然后对语言与文化的关系进行阐述，具体介绍内容如下。

一、萨丕尔—沃尔夫假说（Sapir-Whorf Hypothesis）

首先，该假说对语言与文化之间关系的论证主要有三个方面的主要内容，它们分别是语言、思维和行动之间存在着密切的关系，人们之间语言的不同通常会让人们以各自的方式为主对现实世界进行感知和划分，一个人使用哪种语言进行交流，从一定程度上来看影响其怎样理解世界。下面进行具体介绍。

（一）语言、思维和行动之间存在着密切的关系

萨丕尔是北美印第安人语言的研究专家，他首先肯定了文化的重要性，并认为，语言中所使用的已经被确定名称，已经被作好定义的相关事物，已经属于文化方面了，其既然能够以语言的形式表达出来，是有一定关系的，而这个关系也被他确认为：语言中词汇的分类与人们的物质生活和社会环境的关系。

他认为，词语分类方面的标准是否多样化与是否细致，从一定程度上说是人们对身边实际事物是否感兴趣与能不能感受到一些微妙内容有很大关系，一般情况下，周边事物对人们有重要意义的，人们一般都会给予充分重视并把握。例如，印第安人（这儿指的是生活、聚居区域为美国西南部高原地区的印第安人）的语言系统对峡谷就进行了准确而详细的分类，且分类标准也比较多样化，具体来看，即为半圆的、圆的、带溪水的、空的峡谷等。

沃尔夫表达出了自己的观点，他曾在工作中发现火灾发生原因中的一些小细节。例如，工作区域中常有“empty”字样的汽油桶，工作过程中常有工人会因为该字样认为该汽油桶中没有汽油并扔烟头进去导致发生严重的火灾。他认为这是人们对“empty”这个词误解而造成的。另外，他也是萨丕尔的学生。

（二）人们之间语言的不同通常会让人们以各自的方式为主进行对现实世界的感知和划分

沃尔夫曾亲自发现一个现象，即世界上很多西方国家所使用的英语（English）与拉丁美洲印第安人种所使用的霍皮语（Hopi）对于同一事物有着完全不同的表达的方法和形式，如“时间”方面，英语里对时间的标准认识是可以划分为三种时态（过去、现在、将来）的可数及不可数名词；而霍皮语对时间的认识则是一个没有时态划分的不可数连续事件。

另外，由于沃尔夫的主要研究兴趣是语法中所体现的意义结构与特定思维模式的关系。所以他在结合自己的研究实践和经验的基础上认为，对时间所进行的定义方面的文化不是自然而然产生的，而是与他们具体使用哪种语言的长期实践所产生的一些习俗、认知密切相关的。

（三）一个人使用哪种语言进行交流，从一定程度上来看影响其怎样理解世界

萨丕尔与沃尔夫在结合自己研究经验的基础上一致认为：语言，表达反映思想，塑造思想世界观。萨丕尔指出：“人们并不仅仅生活于社会活动的世界之中，而且处于已成为该社会表达手段的某特定语言的严格控制之下。”沃尔夫指出：“世界表现为万花筒式的各种各样的感觉和印象，这些必须由我们的头脑来组织，而这意味着这些大致上是由我们头脑中的语言系统来组织的。”

由于萨丕尔—沃尔夫的这个观点最终强调的是语言对于思维的影响性作用可以被称作是“语言相对论”，与其刚开始强调语言对思维的决定性作用的“语言决定论”相对应。

二、语言与文化的关系

语言与文化的关系密切。有概括性的和细节性方面的关系。胡文仲先生曾在20世纪90年代末说过：“语言与文化有着密切的关系。由于语言的产生和发展，文化才得以产生和传承。不存在没有语言的文化，也不存在没有文化的语言。广义的文化包括语言，同时文化又无时无刻不在影响语言，使语言为了适应文化发展变化的需要而变得更加精确和缜密。”还有研究者认为：文化寓于语言里，语言中也充满了文化。而世界著名的语言教育家克拉姆契在他的著作里将语言与文化的关系描述为以下内容，即语言表达了文化，语言体现了文化，语言象征了文化。

下面，我们分别从概括性的和细节性的方面对语言与文化的关系进行介绍。

（一）语言与文化概括性内容

语言与文化关系的概括性内容的具体介绍如下。

1. 语言“载动”文化。金惠康先生曾经说过：“语言是文化的载体，所有人类知识想要长久地保存下来都得借助语言。”即是说：语言是文化的载体，它里面承载着文化，同时它自己又常常可以被看作是一非常有存在地位的文化现象，本身即是文化的重要组成部分之一。

文化作为“看不见”的人类生活要素，其想要对人们产生影响，需要借助各种各样的载体（建筑、文艺、哲学等）来发生作用。各载体之间的关系也比较紧密，互相包容和依赖的，而语言，是文化最重要的载体

之一。

下面，我们对语言“载动”文化的具体原因，即语言是文化最重要的载体之一的原因进行说明。

（1）语言记载了一定区域人们的经济基础。主要指语言记载了人类社会长时间各个阶段的发展的实际水平，包括生产力和生产关系，科技实力和教育水平等。

（2）语言记载了人们的文化生活。语言记载了人们长久以来所能形成的生活习惯，影响人们的衣、食、住、行和交往方式等，而这些则是组成文化生活的重要内容。

（3）语言记载了人类文化成果。语言记载了一定时期的人们所形成的知识沉淀及所积累的文化成果。

（4）语言记载了人们的“思维”。主要指语言在人们思维活动中所起到的巨大的作用——表现思维。而语言表现思维的（包括表现思维的内容方面和进行思维所需要的模式方面）过程又能够恰好地产生文化。总之，语言是其所处文化的价值观念方面的非常有存在价值的表现方式，其不仅能表现出语言使用语言进行文化的交流的人的价值观念，还能通过其语言的具体内容来把握其的不同情绪，如高兴、悲伤等，可以让我们更好地理解文化。

2. 语言与文化相互“引导”

学习语言与了解文化两者间是相辅相成的关系。通常情况下我们认为：一个人所说的语言是什么样子，如语言的种类，语言的风格等，可以反映出他所处的文化的一些背景。

（1）不同的语言承载着不同的文化。一方面，语言可以帮助人们能够更好、更方便地了解某一未知的文化，如导游团中导游对旅游景点的语言介绍。另一方面，由于文化的不同，人们的语言结构和内容一般也是不相同的。

（2）对文化的理解可以从语言中体现出来。一方面我们认为：语言可以比较直接而迅速地反映出人与人或人与某个群体之间的关系，进而理解一定的文化，提高人们对文化理解的深入和准确。另一方面，每一种文化的语言，都可以被认为是最适宜表达或表现该文化的非常良好的方式，不同的语言的人们认识世界、改造世界的方式也不同。对文化的理解可以帮助我们更好地去进行接下来的语言学习。

3. 文化“产生”语言。一方面，我们需要知道：这个世界上存在多少不同种类的文化，就会相应地自然产生多少相应的语言。另一方面，语言可以从人类不同民族的发展演化的过程中，从人类各个民族的推理、思考方式中得到生成和产生。其具有一定的必然性，是人类世界发展的产物。并随着时代的发展而不断生成新的各式各样的语言符号。

（二）语言与文化关系的细节性方面内容

语言与文化关系的细节性方面内容主要体现在文化的价值观上，其具体介绍内容如下。语言与文化关系的细节性方面即具体方面，因为语言中存在大量的名言警句，这些内容往往是文化价值观念的反映与表达，是我们了解文化核心要义的主要方式。下面来举例进行说明。

1. 不同的文化价值观念。（1）个人至上与集体至上

个体至上和集体至上往往被认为是两个完全相反的价值观。下面举了一些简单的例子供读者参考。

①我们国家

A. 众人拾柴火焰高。

B. 三个臭皮匠，赛过诸葛亮。

②其他国家

A. 德国的“只扫门前雪”。

B. 美国的“站在你自己的两只脚上”。

C. 日本的“出头的钉子被砸下”。

D. 以色列的“即使是在天堂，一个人独处也不好”。

（2）多言与少言

我们国家和其他国家（如美国、日本等）的格言、谚语也表达了不同的文化价值观念方面的内容。下面举了一些简单的例子供读者参考。

①我们国家

君子讷于言而敏于行。

②其他国家

A. 日本的“沉默是金”。

B. 美国的“吱吱作响的轮子得到润滑油”，“沉默是傻瓜的美德”。

2. 相同的文化价值观念。虽然我们上面列举了很多不同的名言警句来说明不同的文化价值观念，但相同的文化价值观念也非常重要。下面举了一些简单的例子供读者参考（汉语和英语）。

（1）早睡早起身体好。Early to bed and early to rise，makes a man healthy，wealthy and wise.

（2）一寸光阴一寸金。Time is money.

（3）活到老学到老。Man is never too old to learn.

（4）有志者事竟成。Where there is a will，there is a way.

（三）语言与文化方面相互作用

为了更好地理解语言与文化的关系，结合前文所述，我们另外分别从它们之间所能产生的影响的角度进行各自相应的阐述。

1. 语言方面作用。一方面，从前文我们可以知道：语言是思维的载体。思维产生文化，那么语言不仅可以“载动”文化，还能够影响到文化的发展（通过影响人类的思维质量等方面）。如早期人类语言与现代人类的语言相比所体现出来的“稀薄”和“单调”，语言知识单单作为人们之间的交流符号而存在，这也反映了当时人们的思维局限；另外，现代热带雨林深处与某些地区土著人的语言因仍然过着过去那种生活方式，因此其思维发展也较为落后，其语言也没有现代人语言的那种丰富内涵。另一方面，我们的语言记录着一定的文化内容并进行不断地传播。不但可以让文化源远流长，在同代和不同代人之间不停地传播，还能够从各个方面不断吸收各要素而不断扩大。

2. 文化方面作用。语言学家奈达说：“的确，一种语言的特定结构（语音、词位、句法以及话语模式可以在一定程度上反映人们的思维方式，形成‘思维的轨迹’，但却不能决定人们必须想什么、怎样想。”

从上文出发，通常情况下我们认为，语言是思维的载体，因而其可以被认为是思维的基石，也对思维模式的形成起到了很基础的作用。不过，语言只是思维的载体，它并不能决定思维模式的全部要素（主要包括两方面：思维的内容和思维的产生原因）。

在思维模式（主要为内容与产生原因方面）形成的有关进程中，文化一般起决定性作用，是思维模式形成的最关键因素。这也与人类出生之后于自身文化内形成世界观、价值观、各种想法及思考方式等的情况基本吻合。其体现的也主要是文化对人们潜移默化的影响作用，如熏陶、教育行为使人们懂礼、懂法，以让整个社会和谐运转。

第三节　交际的概念

交际的概念主要从以下三个方面进行论述，即交际的本质属性、交际的构成要素、交际的特点。

一、交际的本质属性

首先，最新《现代汉语词典》（第7版）对“交际”概念的界定为以下两点。人与人之间往来接触与社交。

“交际”在英语中的概念界定如下。

（1）“social intercourse”，主要介绍的是它的“社会性”（social）。

（2）“communication”，主要说明的是它的“交际性”。而communication来源于拉丁语commonis一词，commonis是“共同”（common）的意思。

由此，我们可以得出：“交际”这一概念与“社交”“接触人”“社会共同”的关系比较密切。其次，交际，它与文化是相通的，具有同一性——“交际即文化，文化即交际”。符号学家的观点更为精辟——“文化是冻结了的交际，而交际是流动着的文化”。最后，综合以上内容并结合长期的社会发展经验与实践经历表明：只有文化方面具有协调统一特性，人们的行为方式和习惯方面才具有相同的可能，才具有沟通、共享、进行交际的可能。另外，我们之间的交际通常都是人们在理解相互文化的基础上进行的，只有在这样的情况下，它才有可能实现目的，并达成人们之间联络沟通的作用。下面，我们对交际方面的本质属性的内容进行介绍。

（一）意识行为过程

一般来说，我们与他人进行交际，往往是一个有意识与无意识行为二者结合的选择性行为，如选择交际对象，选择交际方式等有意识的交际行为，交际过程中的身体姿态、表情等无意识的行为等，且基本上涉及的内容很多，也包括任意的语言符号。

一方面，上述行为（有意识或无意识的）一旦被人们所观察或注意到，从客观方面来看，交际就已经产生了，并伴随着主观方面各种各样的具体情况产生各种不同的交际内容，有时主观上避免交际则不会产生实际的交际内容。

另一方面，我们基于有关研究（研究结果：文化背景基本相同与文化背景差别很大的人们之间的交际都是不一样的，文化背景基本相同的人的交际通常是无意识交际，文化背景基本不同的人的交际通常是有意识的）内容认为：当人们在自认为很“熟悉”的周边事物中交际，往往是没有意识的，且不用随时担心“无意识行为”所带来的负面影响；但在不熟悉的“陌生”的周边事物里，人们的交际行为往往会有意识地进行，往往会在心里潜在担忧一些情况等。

（二）编码过程和解码过程

交际，一般来说也可以被认为是一个编码和解码过程。首先，人们之间进行有效沟通的必要条件是理解共同的语言符号，即语言编码。编码是把我们心里的想法和活动等编成语码（如我们常说的汉语的语言符号、英语书写文字等）的过程；而解码则是把我们收到的各种信息和符号进行解释说明、表明意义的行为和操作。其次，有共同语言符号的人们也需要能够具备基本的知识水平和理解能力，才能保证交际的顺利进行。最后，交际行为是文化和社会的产物，受它们的影响，主要可以分为以下几个方面的内容，这几个方面的内容相互影响、相互交融。

1. 文化背景方面的内容。主要有价值取向、文化审美、社会环境等。

2. 交际情景方面的内容。主要有交际双方的地位、交际场合、交际技巧等。

3. 代码系统方面的内容。主要的涉及内容为“文化过滤”情况中有关内容。“文化过滤”，即通过自身的文化代码系统来解释所接收的一系列的信息内容，如果对对方的语言符号解释不了，通常会选择不予解释或产生误会。另外，我们需要清楚：交际过程中信息的传递过程免不了会对信息的全部含义产生一定影响，如含义不能完全传达、“会错意”等。

（三）语法规则和语用规则

交际中通常会形成一定的语法和语用方面的一系列的“标准”，我们把它们称为“语法规则”和“语用规则”。这些规则（标准）主要有词性、词的用法等，是由语言方面的规则、文化方面的一系列规范组成的。一定范围内，语法、语用规则的使用对象一般为该范围内的所有人。在这样的情况下，人们会在同一规则背景下进行相对容易的交际，基本可以实现有效交流。同时，在人们进行交际时，交际双方常常会彼此预测对方的交际行为及具体的想要表达的内容和意义。这种预测有时是有意识的，有时是无意识的，对交际知识了解得越多，即对交际技巧越掌握和熟悉，越能实现准确的预测，交际的效果往往也会越有成效。这样，也体现了交际的一定特点。若交际双方的文化背景差异比较大，交际的效果往往会达不到预先期待的范围。

二、交际的构成要素

一般，我们认为交际是信息传播的一种方式和手段，属于信息系统的范围。信息系统是由一系列的动态系统所构成的一个系统，它需要具备构成系统的基本要素，主要包括以下几个方面。

（1）信息的输入（X）。

（2）信息的处理过程（R）。

（3）信息的输出（Y）。

信息传播系统主要有七个环节，它们分别是：传播者、编码、信息、通道、接收者、解码、反馈。下面，我们对信息传播系统的具体环节的主要内容进行介绍。

（一）传播者

1. 概念。我们平常所说的传播者一般指的是某个人。

2. 简介。传播者通常具有交际方面的需求，往往会希望分享自己心里的一些想法并希望得到对方的有效回应，因此可以作为交际的发起者。其常常是进行交际的人们之间的主体，缺了他，交际往往很难继续进行下去。

（二）编码

1. 概念。编码是传播者进行交际所必须经历的一种心理活动。

2. 简介。通常，是在一定社会背景下思考使用何种交际语言、如何运用交际技巧，并进行一定的组织与选择进而生成一定语言符号的过程。

（三）信息

1. 概念。信息，通常是指传播者进行一系列编码之后产生的成果。

2. 简介。一方面，信息之中蕴含了某些社会、文化方面的“遗留物”，往往通过信息可以窥见一定的社会文化方面的内容。

另一方面，信息是传播者进行交际时的具体心理活动。

同时我们需要注意：面对面的交际往往不仅仅可以表现编码而成的“语码”，其常常还能够表现交际双方的非语言方面所代表的信息以及所处的交际环境。

（四）通道

1. 概念。通道，常常被人们认为是一种信息传播的媒介。

2. 简介。其一方面可以连接信息源和信息接收者，另一方面也是其连接的主要手段。

通过通道进行连接的主要内容有：电话、邮件等，常常表现为：电话互聊、短信沟通及邮件往来等。

（五）接收者

1. 概念。我们平常所说的接受者，一般是指传播者通过编码产生信息并通过通达传达给某一对象——信息接收者。

2. 简介。信息接受者与信息传播者之间的联系可能是有意识的（专门接收对方所发出的信息），也可能是无意识的。

无论是有意识的还是无意识的，信息总会通过信息传播者有意无意的刺激，引起信息接收者的注意。

（六）解码

1. 概念。解码通常是信息接收者的一种“转换”“消化”信息为自己或他人能够理解内容的过程。

2. 简介。一方面，解码过程中，要求信息接收者要尽量准确解码。另一方面，解码过程是一种心理方面的一系列活动，往往会被信息接收者直接赋予一定的含义。含义往往受信息接收者对信息的理解能力方面的影响。另外，由于交际也受文化有关因素影响，因此常常会出现解码过程中的“文化过滤”现象。

（七）反馈

1. 概念。一般情况下我们所说的反馈主要是信息接收者对所接收信息的行为选择。在这样的情况下，反馈的内容与信息接收者所采取的不同行为有直接关系。

2. 简介。反馈行为表现为以下几个方面的内容。

（1）是否会评价对方的“说法”。

（2）是否回答对方所提出的一系列问题。

（3）是否会对对方所希望的要求进行一定的回应。

如果信息接收者的反馈行为符合信息接收者提前所希望达到的有关的一系列行为，交际通常是成功的。另外，信息接收者是否会做出反馈与交际双方对彼此的熟悉程度和对语言的掌握程度有关。

三、交际的特点

一般情况下，我们对交际的特点的了解有利于我们更好地理解交际，交际的特点主要有三个方面：交际是象征性的、交际是动态的过程、交际的产生是不确定的。下面我们分别对其进行具体论述。

（一）交际是象征性的

交际中使用的语言通常来说，是我们人类所创造的一种象征符号，在长期的生活过程中，经过人们的不断使用进行演化，并确定成为人类的交际用语。

通常，我们交际中所使用的语言符号有一定的主观性和“约定俗成”性，如中西方文化对“龙”的不同看法（中国人认为龙是高贵的象征，西方人认为龙是邪恶的代表），由于语言符号的差别，交际内容往往也会带有不同的象征意义。正如伍德Wood（2008）指出的那样：“我们通过与象征符号的互动来积极创造意义”。

（二）交际是动态的过程

交际过程是一个动态的过程，交际双方不仅时时刻刻在对自己想要表达的信息进行编码输出，还即时地对对方所表达的信息进行“解码”。一方面，交际双方既扮演信息传播者的角色，又扮演着信息接收者的角色，除非交际双方因不同文化背景所带来一定障碍，两种角色的同时扮演往往会引导交际过程的顺利进行。另一方面，信息发出者一旦发出信息，信息接收者在即时接收信息的情况下会产生即时印象，但该印象也是不断改变的，其形成过程也会不断变化，也可以体现交际的“动态”过程。另外，交际作为一种过程还体现在它的不间断性（交际双方往往使用语言或非语言形式进行“你来我往”“你说一句，我回一句”的交流）、不可撤销性（“说出去的话，如泼出去的水”）等。

（三）交际的产生是不确定的

交际的产生具有不确定性。主要体现在三个方面，分别是交际产生于特定语境、交际的无意识产生、对“意义”的追求产生交际。下面我们分别对其进行论述。

1. 交际产生于特定语境。这儿主要说的是交际行为产生的因素涉及的内容有一定的规律可循，如参加会议时多穿正装，但在出去游玩时再穿正装就会显得很格格不入；对一个健康人打招呼用“你最近怎么样”和对一个生病的人说“你最近怎么样”说的是同一句问候，但所表达的意思确实不一样的，一个是询问对方最近的整体状况，一个是询问对方的健康情况。

2. 交际的无意识产生。和文化有一定的类似之处，交际行为的发生常常也是在无意识的情况下进行的，我们所进行的交际很多情况下都有不自觉就进行了的情况，其常常不被我们所意识到。例如，我们国家的人在接收礼物时常会下意识置于身边或其他地方而不打开，这在外国人看来你是不喜欢这份礼物，是有意识的内容在里面，而不是我们所认为的“无意识动作”；当你把鞋底对着阿拉伯文化里的人时要注意，你的无意识举动很可能已经对他人构成了不尊敬行为。

3. 对“意义”的追求产生交际。即信息传播者发出具有一定意义的信息，信息接收者不一定接收得到，因此需要进一步交流来明确信息中蕴含了哪些意义，这样就自然而然产生交际，也是进一步意义协商的表现。

第四节　文化与交际

一、文化与交际的关系

人类学家霍尔曾说：“文化是交际，交际是文化。”其意思主要是文化与交际具有非常紧密的关系，且两者之间相互进行着影响。通常，我们对两者之间关系的论证主要是从文化对交际的影响来说的，下面对其内容做简要说明。

（一）萨莫瓦尔（Samovar）、波特（Porter）与麦克·丹尼尔（McDaniel）的观点

Samovar、Porter与McDaniel将文化对交际的影响作用总结为以下三个方面的内容。

（1）文化对交际的影响主要体现在我们的感知方面。

（2）文化对交际的影响主要体现在我们的语言行为方面。

（3）文化对交际的影响主要体现的我们的非语言行为方面。

（二）GudVkunst与金Kim的观点

GudVkunst与Kim则将文化对交际的影响作用总结为以下两个方面的内容。

（1）文化对交际的影响主要体现在指导我们的交际行为方面。

（2）文化对交际的影响主要体现在指导我们怎样解释交际行为方面的相关内容。

最后，综合以上两种观点认为：文化影响感知、文化影响交际行为。下面我们分别对其进行论述。

二、文化与感知

感知是客观事物通过感觉器官在人脑中的反映，一般情况下我们认为是人们对客观事物的理解、解释、认知的一个过程。人们在感知事物的过程中，人的感觉器官会对其进行一定的过滤，反映到人脑中可能会改变事物的本来的面貌。这种感知所产生的改变事物本来面貌的结果之所以产生，往往与感知主体的文化背景有关，而文化，也常常会影响甚至改变人们对事物本来面貌的影响。为了读者更好地了解文化对感知的影响，下面进行具体论述。

（一）文化影响人们对所感知事物的选择

通常，人们选择所感知事物是有一定自己的特点的，即根据自己的文化感知水平进行选择。人们常常会选择那些对自己有意义的事物，如生活在北极地区的因纽特人对冰雪的感知与生活在热带的人们是完全不同的，他们对雪的形状和特点的认识更加丰富，常常区分不同的雪花形状。

（二）文化影响人们对所感知事物的分类

1. 饮食文化方面。我们国家的饮食文化常常为人们所谈提，除了食材、做饭方式的不同外，往往离不开对相关方面内容的精细分类。以烹饪方法为例，除了有炒、烤、煎、炸、煮、蒸、炖等常用方法，还有溜、烹、焖、爆、汆等特有的烹饪方法。

2. 亲属称谓方面。我们国家中的亲属称谓常常比较复杂，相对于英语国家来说，伯伯、叔叔、舅舅、姑父、姨父只用一个“uncle”就可以表示清楚。

这些方面的内容主要反映的是我们所处文化对不同感知事物的认识和解释。

三、文化与交际行为

有人认为文化对交际行为的影响作用可以用“风”看不见、摸不着、但却能感受得到的特性来表示。Gudykunst与Kim两人认为：“我们的文化提供了一种使我们可以了解在通常情况下如何与别的成员交际的知识。”

综合以上两种观点我们认为：文化可以对我们的交际行为产生影响，对文化交际行为起到一定方面的指导作用。

下面，我们以人们日常的衣食住行和人与人之间的交往方式为例来说明文化对于交际行为的影响。

（一）文化影响人们的衣食住行

1. 文化影响人们的穿衣装扮的风格

如婚礼上西方国家盛行的白色婚纱与我国很多地区仍盛行的红色旗袍，海滩上西方女性身姿展露的比基尼装束与伊斯兰女性无论如何都要求的“包裹严实”，传统儒家文化中教师宜穿正式衣装上课与美国文化中教师没有正式衣装上课要求的情况，等等。这些穿衣装扮风格的不同，一方面是不同文化中人们的审美的差异体现，也是对不同职业人们的“默认”要求。

2. 文化影响人们在饮食方面产生一系列行为和礼仪。如穆斯林不吃猪肉、印度教不吃牛肉、西方人不能忍受吃狗肉的行为而韩国人却没有这种禁忌，端起碗吃饭在日餐中“得体”，在西餐中“没有教养”，等等。这主要与人们所处不同文化的背景（信仰、习俗等）下对饮食行为方面所做的不同要求有关，他们的饮食行为更多是表达自己对自身所处文化的认同。

3. 工业革命人们的出行方式。如传统社会人们的出行方式（主要为马、驴等牲畜）落后，人们常生活在一个固定地区之间互相依赖，现代社会人们的出行方式（主要为汽车、火车、飞机等交通工具）先进，人们常“说走就走”、生活地区不定、个人意识强烈。

（二）文化对人们的交往方式也产生影响

如我国古代社会男女交往和婚姻大事都不得自己做主与现代社会男女交往的平等、自由、开放、和谐，对待老师有些文化讲究“尊敬”与有些文化讲究“平等”，等等。综上所述，我们认为，文化为我们的日常衣食等行为与人际交往方面制定了一定的行为标准，不同文化背景方面的不同的人在日常衣食等方面的行为与交往方式也都受其所处文化的影响。但需要注意的是：虽然文化影响人们的交际行为，但文化并不是影响交际行为的唯一因素，它是相对比较重要而已。也就是说，并非所有的我们所能观察和认识到的行为特点或差异都是受文化的影响产生的，如西方学者对人们的不同情况进行划分，即人的普遍性（不同文化背景的人都具有：珍视亲情、爱情和友情，回避危险等）、人的文化性（受到特定文化影响：中国人讲究孝顺，西方人重视隐私等）、个体性的人（同一文化下的个人所表现出的与别人不同的特征或偏好：有人喜欢独处，有人则喜欢群体活动等）。

第二章　中西文化差异比较

在本章我们将主要讲述中西文化的异同点，为了大家能更好地了解，下面我们将从中西思维模式比较、中西价值观比较、中西生活习俗比较以及中西文化差异的表现及特点等四个方面来具体论述。

第一节　中西思维模式比较

要实现我们中国人与其他文化特别是西方文化之间的卓有成效的交际，除了要理解掌握其他民族的知识文化、外显交际文化，更重要的是要就研究其内隐交际文化，即他们的思维方式、心理特征、价价值观、世界观、信仰以及情感态度取向等。为此，我们首先考察一下影响人类交际活动中的一些主观因素。

一、影响人类交际活动的主观因素

一般说来，除了生存环境、文化背景、社会组织等客观因素以外，影响人类的交际活动的主观因素主要包括思维和语言。

（一）思维

思维是人类一切活动的根基，作为具有智能的高级动物，人类的一切活动都是在思维的主导下进行的。除了那些“不假思索”的、出自动物本能的基本生存活动以外，所有为人类所独有的活动无一不打下思维的烙印。人类的思维活动具体体现在思维模式、世界观、价值观这三个方面，下面我们将具体论述。

1. 思维模式。顾名思义，思维模式主要指用以进行推理、思考和解决问题、带有一定文化特色、相对比较固定的认知图式或心理过程。显然，拥有不同文化传统或背景的人也会具有迥异的思维模式、习惯或方式。例如，以英美为代表的西方人喜好运用演绎法进行逻辑思维、理性思维。反之，东亚人则善于运用归纳法进行辩证思维、悟性思维。思维模式是最基本、最为重要的内隐交际文化要素，其他要素如世界观、价值观等都要受到它的制约。

值得我们关注的是，不仅言语过程要涉及思维以及思维模式，非言语过程也与思维及思维模式有关。就是说，人类的语言交际行为乃至非语言交际行为都离不开思维，都要受到思维模式的制约。而人类在下意识的情况下不由自主或“忍不住”做出的某些表情、动作或发出的语声，尽管都是下意识的、未经“编码”的行为，却依然可以视之为非语言交际行为，只不过这类行为的交际意图或“编码”经过长期的“习惯成自然”的过程已经演变为一种多多少少近似于动物本能的即时反应罢了。

2. 世界观。所谓世界观，笼统地说，就是指对于整个客观世界包括人世以及人生的总的看法，它是关于宇宙、自然、生死以及其他有关生命与存在的哲学问题的一整套见解，是文化的导向定位系统。它是特定的人群、特定的思维模式的产物。世界观可以帮助人类的个体或群体自我定位。找出自己在宇宙间或社会中所处的位置或所拥有的社会地位。世界观甚至可以影响到一个国家的社会生活、经济生活和政治生活，它是文化的最为根本的基础，非常深刻地影响着文化。而它的影响又往往是微妙而隐蔽的，潜藏于文化之中。不同的世界观源自不同的生存环境（客观因素）和思维模式（主观因素）。

3. 价值观。所谓价值观，是在人类全部活动特别是思维活动中司职评价功能的范畴，是指对某事物或属性的价值、重要性、有用性、有益性、满足需求或产生愉悦的能力等进行衡量的标准或判断依据，是为进行选择、解决矛盾冲突而形成或精心制定的一整套规则。为特定的一群人或特定的文化所拥有的价值观叫做文化价值观（Cultural Values）。我们通常所说的价值观或价值取向其实就是文化价值观。

特定的人群在特定的历史条件、生存环境、发展进程中，在特定的思维模式、世界观的诱导下，会逐渐形成对各类事物的特定的价值评判标准体系。例如，不同的民族在时间、性别、政治权利、人际关系、人与自然的关系等方面的价值认知上显然会有迥然不同的看法和评价依据，即不同的价值观。而具有不同价值观的人们在彼此进行交往时，必然会产生各种形式的矛盾与冲突，除非他们事先彼此了解对方并能在交往中对自己的交际策略和交际方式进行必要的调试以适应交际的场合和对方的特点。

受特定的价值观所制约，人们在日常生活以及交往中对于不同的事件或事物就会有喜、怒、哀、乐等种种不同的情感表达，并逐渐形成了各自的情感态度取向系统。所谓情感态度取向系统（Attitude Systems），是指后天习得的、以固有的、始终如一的方式对特定的目标做出反应的行为趋势，通俗地说，就是人们对人或事物所持有的、相对恒定的爱憎喜恶等情感。个体的这种立场或情感大多源于其所在群体共有的文化，而植根于该文化的价值观是其基础或决定性因素，世界观和信仰是其最根本的前提。这三者的形成无疑会有助于情感态度取向系统的发展与完善。

在此，必须要提到人们常常会有的一种偏激的态度或情感取向，即模式化见解或僵化见解（Stereotype），俗称成见。

由此可见，所谓模式化见解或成见，就是指由于误解或者忽视了时间的流逝所造成的情况变化，对认知对象的一成不变的、局限于旧框框的、继续停留在过时的因而已变成错误的或不准确的观念上的偏颇看法。它又可分为：

（1）积极的或正面的僵化见解（Positive Stereotype），即对人或事物过高、过好的非客观评价。其中较为常见的一种就是文化优越感（Cultural Superiority），这是指对自己的文化过度赞美、自豪以至于认为优越于其他文化的看法或感受。例如，美国人认为美国是世界上最大、最好、最时尚、最富有的国家；中国人则认为中国拥有世界上最古老的文明；西班牙人认为自己是世界上最勇敢的民族；法国人认为自己在智能方面胜过任何民族；而德国人认为自己在提高效益、制定方法和组织能力等方面是最佳的，并且最愿意将这些方面的经验与技能与其他民族分享。

（2）消极的或负面的僵化见解（Negative Stereotype），又叫偏见（Prejudice），即对人或事物过低、过差的非客观评价，带有明显的负面情感或消极态度取向。强烈、偏激的偏见会使人的认识、思维以及行为走向极端，表现为种族歧视（Racism）、性别歧视（Sexism）、年龄歧视（Ageism）、极端民族主义（Extreme Nationalism）等。

关于偏见，美国学者萨莫瓦和波特曾经说过："我们至今仍能耳闻目睹对于非裔美国人、亚洲人、拉美人、同性恋者、妇女、穷人以及残疾人的公开的或隐蔽的歧视。这种负面的行为不仅违背了美国人共同的理想，而且也严重地损害了持有偏见者以及其所歧视的对象的利益。因为我们认为，没有宽容心以及偏执的行为是错误的。仅仅因为具有不同的肤色、生活在不同的国家、笃信不同的宗教、持有不同的世界观以及说不同的语言就歧视某人，势必会极大地削弱我们整个人类。"（Samovar et al. 1995: 17—18）在美国一个国度内，不同的种族和民族乃至不同性别之间就存在这么大量、这么严重的外显或隐蔽的歧视现象，其内在原因就是由于偏见的存在，它不仅违背了所有美国人的理想、追求和伦理，而且在伤害歧视对象的同时，也损害着偏见持有者的利益。

由此可见，成见特别是偏见会成为跨文化交际的障碍，能严重干扰或妨碍跨文化交际的顺利进行，因此需要刻意的加以克服或避免。

（二）语言

众所周知，语言是思维的唯一载体，没有语言就不可能有效地进行思维。这也正是人类与其他动物的根本区别之一。但是仅有思维，人类是难以进行相互间的交往的。实际上，人类的交际活动是在思维的主导下，主要通过语言来实现的，即语言是人类最主要的交际手段。

一整套精心组织的、普遍接受并且可以习得的、用来表达特定地域、特定文化群落的各种经历与体验的表意符号系统就是语言。它既是文化的重要组成部分，也是文化的主要载体，因此语言不可与文化相分离。

值得强调的是，在考虑人类交际活动的分类这种问题时，我们一般是着眼于交际过程（可以简洁地标记为“编码—传递—解码”）的中间阶段即传递环节，依据信息传递的媒介或手段来进行考量。这样，人类的交际过程就分为“语言交际”和“非语言交际”两类。前者是指借助语言符号进行的信息沟通或交换，其语言符号表征为“言语语言”，其交际过程表征为“言语过程”；后者指借助非语言符号如动作、姿态、手势、表情等来进行的信息沟通与交换，其非语言符号表征为“非言语语言”，其交际过程表征为“非言语过程”。

1. 语言交际与言语过程。事实上，人类直接借助语言符号来表情达意、彼此进行信息沟通与交换的行为是语言交际。瑞士语言学家索绪尔说过：“语言和言语是互相依存的，语言既是言语的工具，又是言语的产物”。就是说，语言是客观存在的一套表意符号系统，是供随时取用的工具；而人们在特定的时间、地点、场合运用语言根据表情达意的需要组成有现实意义的，或长或短的语篇去进行语言交际，就形成言语活动。因此，其语言符号表征为言语语言，语言交际表征为言语过程。所谓“言语语言”，是指特定的人在特定的情景下为传递特定的语义信息、情感意图所使用的特定的语言，所谓“言语过程”，是指直接借助语言进行交际包括传递信息、交流情感的具体行为的过程。语言交际是人类言语活动的内在的本质属性，而言语过程则是人类语言交际的外在表征。言语过程涉及两个彼此相关的活动：外部的言语活动（包括口头的和书面的）和内心的思维活动这势必要涉及语言和思维。既然“言语”是指运用语言进行交际的具体行为，故而“言语语言”就应该不只是指以声音（音响形象）为载体的有声语言即口语，也应包括以文字（视觉形象）为载体的无声语言即书面语，它们是通过其各自的符号系统（语音和文字）赋予外部世界的事物、事件、体验和情感以及意义的。因此，语言交际当然应该包括口语交际和书面语交际。

总之，不同文化下的人们即使遭遇相同的事物或事件也可能产生不同的体验与情感，因而他们的语言符号系统及其所表达的意义必然有所不同。此外不同的文化群落运用语言的方式也大有不同。例如，在语言交际中大量采用比喻、隐喻等修辞手法特别受到阿拉伯人的尊崇；而在日本文化中却鼓励说话尽量言简意赅。

2. 非语言交际与非言语过程。众所周知，除了上述语言交际方式以外，人类还有非语言的交际方式作为补充，它属于非言语过程。虽然从狭义上讲，它已不属于语言的范畴，但从广义上说，它又与语言密不可分。因为在大多数情况下，非语言交际的行为都要受到思维的主导，都要依赖思维对交际各方的非语言符号进行编码和解码来获知其所传达的意图、信息或情感，而思维是绝对不可独立于语言之外的。所谓非语言交际（Nonlinguistic Communication），是指人类借助语言以外的非语言符号表情达意、沟通和交换信息的行为。依据索绪尔的见解，它应属于非言语过程（Nonverbal Processes），即不以语言为直接交际手段来传递信息、交流情感的具体行为过程。同样，非语言交际是人类非言语过程的内在的本质属性，而非言语过程则是人类非语言交际的外在表征。

非语言交际所采用的非语言符号称之为行为代码（Behavior Codes），包括体态语（Bodily Language），又叫肢体语言或肢体行为（Bodily Behavior），客体语（Object Language），环境语（Environmental Language）以及副语言（Paralanguage，又名类语言、伴随语言）等。这是指肢体动作、面部表情、姿态、手势、视觉接触、触摸、闻嗅、外貌、着装、时间观念、空间观念、无固定语义的声音以及颜色、标识、符号等非语言符号。之所以将它们也称作“……语”，是因为它们也属于一种表意符号，从广义上说也是一种“语言”，即“非言语语言”（Nonverbal Language），它是指特定的人在特定的情景下为表情达意所使用的特定的非语言符号，因此它是非语言符号的外在表征。有学者认为，语音或口语，即语言的“音响形象”，并非语言的唯一载体，形体动作（如棒球运动员的“腹艺”）、音乐（器乐）、结绳记事、图画等都是语言，即使在文明高度发达的今天，语言的载体仍是多元化的，“音响形象”不过是其一（王文元，2005）。这里提及的“语言”显然是广义概念的。之所以这样说，是由于这些非言语载体也都是可以表达语义、传递信息、抒发情感的符号系统，只不过是间接地在人们大脑里留下语言的印记，即人们仍然是借助语言来对这类非语言交际符号进行编码和解码的。

显而易见，由于地理条件、生存环境、历史渊源、文化传统、宗教信仰、发展阶段和语言习惯的不同，不同的文化必然具有不同的非言语语言即行为代码，可以传达不同的文化内涵。例如，德国的男女在社交场合偶遇之初通常要握手致意；阿拉伯人则是通过亲吻、拥抱来互致问候；而泰国人在公开场合不会彼此触碰，摸对方的头会被视为严重违反伦理道德的行为等等。

另外，属于非语言交际范畴的时间观念（Sense of Time）主要是指在交际过程中交际参与者的时间观念及其运用方式。不同的文化对时间有不同的观念和态度，因而导致利用时间的方式迥异。例如，中国人比较看重过去，“前事不忘，后事之师”是他们的信条；而西方人则更看重未来，愿为未来梦想的实现而不懈地奋斗。再如，西方人大都十分守时，尤其是德国人和瑞士人有着很强的时间观念。然而，在其他许多国家特别是阿拉伯国家，却往往是活动决定行动而不是时间决定行动，人们的行为较为懒散，对守时并不看重。

而同属非语言交际范畴的空间观念（Sense of Space）则是指在交际过程中交际参与者有关空间的观念，主要涉及人们在相互交往中彼此所处的交往距离、空间取向和领地意识。同样，不同的文化对此也会有不同的理解和行事方式。例如，阿拉伯人和拉丁人（即使用拉丁语系语言的民族，如西班牙人、葡萄牙人和拉丁美洲人）在相互交往时，站立或就座时要比美国人彼此间靠近许多；美国人更愿意彼此面对面或呈直角就座，而中国人就座时总喜欢并排挨着坐。英国人和德国人在公共场合排队等候服务时习惯于排成直行耐心等待，而阿拉伯人则没有依序行事、排队购物的习惯，总是推推搡搡地往前挤。

二、思维模式

跟前文所述一样，思维模式是指人类看待事物、观察世界并进行认知、推理的基本模式，它包括思维形式、思维方法、思维路线、思维顺序以及思维倾向等基本要素。它是最为隐含的文化内涵之一，是一切文化特别是交际文化的深层基石。不同的文化拥有不同的思维模式，而不同的思维模式导致了不同的世界观、价值观、信仰、情感与态度取向等差异，从而打造出不同的社会习俗、行为准则、伦理道德乃至生活方式。

（一）思维模式与思维方式

实际上，说到“思维模式”，人们常常将它与“思维方式”混为一谈。此外，“思维方式”还常与另一个词“思维方法”相混。当然它们两两之间确实很相似，如果在一般场合将它们混用倒也未尝不可，但若从学术的角度严谨地看问题，它们两两之间绝对不是完全等同划一的概念。这三个词语之间的差异与“生产模式”“生产方式”“生产方法”三个词语之间的差异雷同。就这后三者而言，我们很容易便能看出其间的差异，故而我们很少将它们混用。生产模式是指从生产的要素构成、组织运作等着眼的生产活动的宏观架构或整体模型，最为宏观也最为笼统，类型不多，譬如“劳动集约型”生产模式、“生产要素集约型”生产模式、“资本集约型”生产模式、“技术集约型”生产模式等。生产方式是指从生产的本质属性、基本特征着眼的生产运作方式、体制或制度，较为抽象，种类也不是很多。例如，“小农经济的自给自足式”生产方式、“家庭手工作坊式”生产方式、“市场经济的大规模批量式”生产方式等。而生产方法则是指着眼于具体生产过程、生产工艺的成套方法体系，较为具体、最为微观，或简或繁，种类不计其数。例如，农业的“作物间作法”、工业的“自动生产线流水作业法”、铸造工艺的“浇铸成型法”和“锻造成型法”、炼油工艺的“分留法”等。

与之相似的是，所谓思维模式（Patterns of Thought），应该是指思维活动的最为宏观的、由多种要素组成的认知图式，是思维活动的宏观架构或整体模型，是着眼于要素构成、组织网络等的思维类型分类，是作为主体的人类大脑在反应作为客体的客观世界的思维过程中，定型化了的思维形式、思维方法、思维路线、思维程序以及思维倾向等诸因素的统一体，其动作性较弱，是相对静态的概念，故其英译为“pattern of thought”。例如，西方人的思维模式根据其特点我们不妨将它描述为“逻辑实证型”“客观解析型”或“个性本位型”思维模式，中国人的思维模式则可描述为“顿悟直觉型”“主观综合型”或“集体本位型”思维模式。所谓思维方式，应该是指着眼于思维活动本身的行为特征的思维类型分类，是对于思维这样一种智能活动的本质特征或运作方式的高度概括，其动作性较强，是相对动态的概念，故其英译为“mode of thinking”。例如，就思维的本质特征而论，有“主体性”与“客体性”思维方式、“创造性”与“再现性”思维方式等；就思维的运作方式而论，有“发散式”与“收敛式”思维方式、“开放性”与“封闭性”思维方式、横向思维与纵向思维等。对于同样一个事物，中国人和英美人会因为各自文化背景方面的差异等原因而引起观察角度和思维方式的不同，由此进而产生表达的不同。例如，telegram，电报；telephone，电话；television，电视等。按英美人的理解，这些东西是通过远距离发送和接收而实现其功能的，因而要加上tele—（远）这个词缀；而中国人则考虑到它们和“电”的关系。（孙勉志，2001：138～139）这个例子就只涉及思维方式的问题，而非思维模式；或者说，思维方式只是思维模式框架下的一个支点。而所谓思维方法，则是指由成套的思维程序或步骤组成的、较为具体的或简或繁的方法体系，是着眼于思维活动的具体行为的思维类型分类，其动作性最强，也属于相对动态的概念，故其英译为“method of thinking”。例如，演绎法、归纳法、分析法、综合法、类比／对比法、逻辑推理法、归谬法、举例法等都涉及较为具体的思维方法。

由上可以看出，思维方式与思维方法是较为接近的，两者都直接着眼于行为本身，只是前者不涉及特定的方法体系和具体的思维步骤，故这两者可以经常相互换用。但思维方式与思维模式的差别还是较大的，因此在较为正式的场合不宜将它们随意加以混用。鉴于此，在研究某个特定人群或民族的思维活动的宏观架构和整体特征时，采用“思维模式”这一提法似乎显得更为恰当、准确。

人们常说语言是文化的重要载体。但首先它是思维的载体，而且是思维的唯一载体。人类的思维是借助语言进行的，没有语言就说不上严密的思维。是先有语言还是先有思维，就像是先有鸡还是先有蛋的问题一样令人困惑难解。但有一点可以肯定，如果把人类有意或无意创造字词（肯定是先有语音后有字形）的简单、初级的脑力活动看作是思维活动的话，那充其量只能是支离破碎的念头、不连贯的思量或分散、片断的思路，人类复杂、缜密、连贯的思维肯定是在语言产生之后才形成的。人类以外的其他动物之所以没有真正的思维活动，首先就是因为它们没有语言这种高级符号、代码系统。

实际上，思维离不开语言，而思维又借助语言创造了文化，并成为文化的一个组成部分，反过来也受到文化的影响和制约。正如萨莫瓦等人所说：“人类语言的应用涉及的远不止是字词，它也涉及人类的思维方式，因为语言需要和思维紧密配合、共同协作。语言的运用遵循文化所确定的模式，这个模式不仅会影响人类在组成语句时所采用的词序，而且会影响到人类的思维。

人类在远古时期经历了漫长的生产劳动实践，到后来，进一步认识世界的迫切要求以及生产的需要和交际的需求使语言在特定的自然条件、生存环境、生产活动、经济制度等客观因素的作用下应运而生并迅速发展起来。语言的发展帮助人类更好地认识客观世界，进而进一步促进了人类思维的发展，并在更高层次上大大提高了人类认识客观世界了，至主观世界的能力，从而逐渐生发出成套的思想意识、哲学观念直至在特定的外部条件、环境因素的共同作用下形成特定的世界观、价值观，后者反过来又影响人类的思维，使之刻下了特定的人群所具有的特定的世界观及价值观的烙印。就这样，特定的思维模式在特定的民族文化的发展进程中逐渐形成和完善。以整体性为特征的“元气论”和以个体性为特征的“原子论”分别对中西思维方式产生了深远影响，前者横向铺开，注重事物的相互关系和整体把握；后者纵向深入，注重事物的分析解剖和个体研究。（连淑能，2002：48）因而我们就有了中国人“集体本位综合型”悟性思维模式与西方人“个性本位解析型”理性思维模式之分。可见，在所有内存外在的主客观因素之中，语言是孕育、铸就人类思维模式的最为至关重要的因素或者说语言对特定人群思维模式的形成起到了强有力的暗示、诱导作用。因此，在考量思维模式的问题时，就不能不从语言及语言形式着手。

（二）中国人的思维模式

众所周知，在特定的历史条件和生存环境（包括地理条件、气候条件、自然环境以及生活条件、经济制度等）下，历经数万年风风雨雨的捶打磨砺，中国人养成了其特有的民族个性特征，同时也形成了他们特有的思维模式。其内涵可概括如下。

1. 擅长形象思维。事实上，中国人在思维时，总是习惯与外部世界的客观事物的形象相联系，结合重现在大脑里的相关物像进行思考。这就是说，他们擅长的思维形式是形象思维。这是历经数万年的历练，受其语言文字的诱导、暗示而逐步形成的。汉字在古代原本是象形字，经过数千年的演变，而今已变为形声字。尽管如此，这种方块字的写法或结构仍浸润着丰富的物像，颇具立体感，很容易让人们把它们同外部世界的事物形象发生勾连。有些字仍保留了很强的意象感即意境。例如，“山”字，其字形确实很容易在人们脑海中勾勒出自然界中山的形象。此外，在文学作品特别是古代诗词中，如唐朝诗人张继写的“枫桥夜泊（月落乌啼霜满天，江枫渔火对愁眠。姑苏城外寒山寺，夜半钟声到客船。）”，李白所写“早发白帝城（朝辞白帝彩云间，千里江陵一日还。两岸猿声啼不住，轻舟已过万重山。）”等唐诗中，充满着极其丰富的物象和意境，这一点远非西方拼音文字可以比拟。这种物像十分丰富的文字在人们思维中的长期运用，使得借助这种语言进行思维的中国人逐渐养成了形象思维的思维模式，即借助于文字的形象，紧密结合外部世界的相关物像进行思维的心理过程和认知方式。

有些学者也称之为“悟性思维”，即“借助形象”，运用直觉、灵感、联想、想象等思维形式，把感性材料组织起来，使之构成有条有理的知识，具有直觉性、形象性、主观性、整体性、模糊性等特征（连淑能，2006）。这种思维极富情理性、顿悟性和直观性。注重意象，强调直觉与经验，忽视创建完整的理论体系。“与西方人重演绎、抽象和分析的逻辑思维推理方式相比，中国思维方式是非逻辑的，具有重直观、直觉和顿悟的特征”（李信，2003：181）。

此外，萨莫瓦等人还指出：“对于语境以及时间的态度也影响到不同文化的推理方式。中国人和日本人在认知世界时主要是根据现实的情况，而不是依据对未来的推测或幻想。由于佛教的教义强调现时此地，认为万事万物都如过眼烟云，因此这些东方文化将此视为自然而然。人们的所思所言仅只适用于现今的情况，并必将在今后加以重新诠释。”

由此可见，与逻辑思维善于思考未来不同，形象思维更关注现在。但事实上，中国人尤其注重过去，即其思维具有反馈性（连淑能，2002）。因为真实的物象已经存在，而未来只能处于想象或梦幻之中，既不现实、也不确实。所以，中国人历来重视传统，尊重祖先特别是古代先贤的教诲。他们敬老尊贤、慎终追远，总爱引用祖宗、先贤的话作为辩理佐证或用以教育后代。背叛祖宗的言行被称之为“数典忘祖”。

综上所述，中国人看重历史经验和教训，注重“以史为鉴”“古为今用”。他们不忘国仇家恨，中国人民在近代屡遭外族入侵，日本侵华战争是最为惨烈的一次，生灵涂炭、百姓遭殃，中国人对此牢记在心，把它作为历史教训以警后人，中国人常说的“前事不忘，后事之师”就是此意。中国人也是讲知恩报德的民族，景仰和纪念历史上的英雄或功臣。中国人有句老话：“滴水之恩当涌泉相报”，他们对过去曾经受到过的帮助和恩惠会时刻铭记，对那些为民族立下丰功伟业的英雄人物十分景仰崇拜。寺庙、纪念碑以及刻有铭文的石碑比比皆是就足以证明这一点。

2. 螺旋形思维，具有间接性。这一特点也同样是语言文字诱导暗示的结果。汉字易于勾起人们对现实世界里事物形象的想象或重现即联想。因此，这种意象化语言的长期运用，使得中国人的思维路线呈螺旋形，即曲线形和圆形，且循环上升，具有较强的立体感和间接性。具体原因如下。

（1）这种思维过程常常表现为重复性的深化阐述，这样做或是为了强调，或是因为问题复杂，仅靠一轮论证还不足以理清概念、阐明问题，因此还需要再来一轮阐述。但这种重复并非简单的、在原有基础上的重复，而是更进一步、在更高层次上进行的思索与论述，是螺旋形上升式思考，是一种立体的思维模式。中国人在思考或运用语言时，常常不厌词语的重复，这或许也是这种思维形式的一种反映。

（2）中国人的思维具有明显的间接性或者叫迂回性，即思考问题时喜好拐弯抹角。在不便明说或难以启齿、有难言之隐时，在和陌生人尤其是有重大利害关系的人打交道时，他们经常采取迂回的方式，或朝着目标绕道而行，或拐弯抹角地暗示主题或意图。这一点可从行文方式的特点上看出。美国学者莉奈尔·戴维斯说得好："中国人撰写的文章往往是以笼统、概括的陈述开头。各个段落里常含有似乎与文章其他部分无关的信息。作者的见解或建议经常是要么不直接表述出来，要么就是轻描淡写地陈述。"（Davis，2004：292）中国人比较内敛、腼腆、隐忍甚至封闭，语言表达或含蓄委婉或不卑不亢，有时则模棱两可乃至吞吞吐吐、遮遮掩掩、躲躲闪闪，处世态度中庸，追求和谐。这在日常生活、工作和交往中随处可见。例如，中国商人在谈生意时，总好在饭桌上进行，在他们看来，招待对方吃饭或娱乐是一个很有效的迂回策略，有助于促成生意的成功；中国男女在谈恋爱时总是以间接、含蓄的方式表达自己的爱意，一般不会在公共场合做出过于亲昵的举动；与说相比，写更显间接，而中国人历来重写轻说，主张寡言、慎言、戒言，与人相处时注重团结和谐，不喜争强好胜，许多人在现实生活中奉行"不得罪人"的原则，哼哼哈哈的"老好人"到处都是；"小富即安"、胸无大志的人也不少。顺便说，含蓄委婉或不卑不亢并非是缺点，在有些场合恰恰是唯一稳妥的交际策略。

3. 由大到小，从宏观到微观。

在同时涉及多个级别不同、大小不一的事物或概念时，中国人的思维顺序是由大到小、从宏观到微观，注重整体。以写地址为例，中国人是依国名、省名、市名、县区名、街道名、门牌号的顺序排列；领导人或专家学者做报告纵论政治经济形势时，总是先谈国际、后谈国内，再谈省市，最后才谈及本单位、本企业，等等。

4. 集体本位，趋同思维。中国人的思维因受其世界观、价值观的影响而具有了"集体本位"和"趋同思维"（也叫顺向思维）的倾向。有以下两方面的原因。

（1）较强的整体观念和大局观念使得中国人在思考问题时，往往先从整体或大局出发、从他人或集体的角度出发，特别善于体谅他人，而个人（包括个人的立场观点、个人的功利权益等）则往往放在第二位。他们长期形成的"集体主义"价值观使得他们时时事事对集体存在依赖心理，因此在考虑问题时也总好首先关注他人、大家、集体乃至国家。

（2）崇尚友好相处、追求社会和谐的思想使得他们在思考问题时存在着“趋同”倾向，即总好寻求与他人或大家相同或类似的看法或立场。他们往往特别在意“别人或大家对某一问题怎么看”，先要了解别人或大家的看法或见解后才会去想自己应该有什么样的观点或态度。他们习惯于“随大溜”、人云亦云，乐于接受或理解他人的不同见解；当发现自己的观点与众不同时，往往不愿意直接挑明，喜欢含蓄、隐而不露的表达方式，却不喜欢标新立异，也不喜欢引人注目和抛头露面；“以和为贵”的观念使得他们忌讳与他人因意见分歧而争论不休、激烈对抗或抗争到底。这种趋同思维使得他们的思想易于兼收并蓄，思维冷静、稳重、全面，但却未免趋于保守僵化，和谐有余却竞争不足，稳定性有余而创造性不足。

中国人整体思维的特点使得他们善于通盘、综合地考量，思维十分缜密，非常善于辩证思维。中国现代思想家毛泽东就是这种思维的典范，在其理论著作特别是诗词中，充分展示了形象思维、辩证思维、螺旋形思维的特点，富有立体感和整体意识，给人以高屋建瓴、高瞻远瞩、宏图在胸的深切印象和感受。

由上可知，中国人的思维模式以注重直觉体悟、依赖经验与辩证的螺旋式形象思维为主体，具有主题深刻、意象丰富、形式活泼、生动形象、思维严密、注重整体、强调共性、全局观及整体感较强、崇尚求同思维等特点。其不足之处是，同其语言文字一样，虽然人文性、艺术性较强，但逻辑性和自然性稍弱，略嫌繁复；稳定性有余而创造性不足。

（三）以英美为代表的西方人的思维模式

大多数西方人的思维模式都是相似的，其形成方式与中国人没有什么不同，只不过在数万年前，西方人的祖先所处的特定的历史条件和生存环境大大不同于中国人的祖先，因此逐步形成了迥异于中国人的思维模式。其内涵可概括如下。

1. 善于抽象思维。

需要我们注意的是，西方人所擅长的思维形式是与现实世界物像相脱离的抽象思维，是基于逻辑推理和语义联系的逻辑思维。这其实是受其印欧语系语言特征的暗示和诱导所致。西方语言的拼音文字“强调了人的智力运行轨迹。它的书写形式造成一种回环勾连，如溪水长流斩而不断的流线效果，容易诱导人们去注重事物的联系性。这种状态和语法形式共同起作用，极大地强化了印欧语系民族对事物的表面逻辑联系的感知能力。抽象的书写符号和语音形式与现实世界脱节，容易迫使印欧语系的民族在更多的场合脱离现实世界来进行抽象的纯粹借助于符号的形而上思考。”（辜正坤，2004：173）这就是说，西方拼音文字是通过没有意义的字母的线形连接构成有意义的最小语言单位——单词，再通过单词的线性排列构成短语、句子和篇章，走的是“点——线——面”的路子，缺乏立体感，更没有任何象形会意的功能，因而无法诱发人们的形象思维，久而久之，使人们逐渐形成了脱离现实世界物像、纯粹借助于文字符号及其语义联系的抽象思维。某些学者又将其称之为“理性思维”，即“借助逻辑，运用概念、判断、推理等思维形式探索、揭示事物的本质和内在联系，具有逻辑性、抽象性、客观性、分析性、确定性等特征”（连淑能，2006）。这种抽象思维极富事理性和推理性，注重实体，强调逻辑论证和实证分析，重视创建理论体系，追求精确性，乐于并善于思考和设想与现实世界无关的未来，具有超前性（连淑能，2002）。

2. 在进行逻辑思维时，偏重演绎法。拼音文字的线性特征及其立体感的缺乏，使得西方人在进行逻辑思维时，往往是“由点到面”，倾向于采用演绎法。萨莫瓦等人说：“大多数美国人采用演绎式的推理方法来解决问题，而来自亚洲文化的人士则往往运用归纳法”（Samovar et a1. 1995：154）。这一点从英美人士撰写的论文可以很清楚地看到。莉奈尔·戴维斯曾指出：“一篇西方人撰写的论文总是有一个固定的中心论点，文内的所有细节都按照与该关注点的关系进行安排。作者的见解往往在文章的开头部分就已强烈地表达出来。”（Davis，2004：292）就是说，在大多数情况下，西方人撰写文章总好开门见山、直奔主题，每一段的第一句往往就是主题句，其后围绕该主题展开阐述或举例论证。这就是所谓“由一般到特殊或由抽象到具体”“先立论、后展开”的思维方法。在对一系列问题或论点进行阐述或者围绕某一论点给出一系列分论点进行论证时，他们往往按照一定的逻辑顺序，由点到面将它们一一道来，循序渐进、一气呵成；或者像剥笋一样，从多个层面对事物进行由表及里、节节深入的剖析，最后找出现象的本质或得出问题的结论。各部分、各层面之间通过运用语言中丰富的语法与词汇的形合、意合手段，形成较强的语义衔接关系，显得逻辑十分严谨，表现出解析型思维擅长条分缕析、注重微观与局部的典型特征。

3. 思维呈直线形，具有直接性。从某种程度上来说，这一点依旧源于其语言文字的诱导、暗示作用，与上述抽象思维的形成大同小异。在思维中长期采用线形连接和排列的文字符号，使他们的思维路线呈直线形，具有较强的直接性。上述西方人写文章时直奔主题的方式就是这一特点的反映。这还直接影响到他们在日常交际中的表现，无论是在国际外交、商务谈判还是日常生活中，以英美为代表的西方人在待人接物时，总是表现得较为直接、外露、大胆、开放，语言表达直截了当、干脆利落，态度鲜明。例如，如我们大家所知，在语言表达中，口语无疑要比书面语更为直接，而西方人历来重说轻写。自柏拉图以来，西方人就十分重视雄辩术，世界有史以来的著名演说家也多为西方人。喜欢争论素来是西方人的秉性，遇到问题他们总好争个水落石出。而另一方面，古代西方人流传下来的书面文字材料却大大少于中国。再如，在进行商务谈判时，他们很少有寒暄之类的过场或旨在拉近关系的酒宴，而是开门见山、直奔主题。最典型的例子当属男女谈恋爱，西方男女尤其是男子，对可心的异性易于一见钟情，在向对方示爱时，往往不加掩饰地直接表白自己的爱意，而且相爱男女可以当街在大庭广众之下无所顾忌地拥抱接吻，等等。

4. 由小到大，从微观到宏观。事实上，西方人在思考过程中同时涉及许多大小、等级不同的概念时，其思维顺序与中国人反其道而行之，总是先小后大，由微观到宏观，注重细节。最典型的例证当属写地址的习惯。他们是按照门牌号、街道名称、行政区名、市名、省州名、国家名的顺序依次排列。再如，西医讲究“对症／辨病治疗”，侧重于人体局部，即“头痛医头、脚痛医脚”；而中医则讲究“辨证论治”，把局部疾患同人的整体紧密联系在一起进行诊断和治疗，注重宏观。

5. 个性本位，求异思维。同样，西方人的思维受其世界观、价值观的影响还具有强烈的“个性本位”和“求异思维”（也叫逆向思维）的倾向。原因如下。

（1）他们在思考问题时总好从个人的角度（包括个人的立场观点、个人的功利权益等）出发，而他人、集体往往是第二位的。这正好解释了为什么他们思考问题总是注重局部和细节、总是先小后大、从微观到宏观的原因。

（2）他们强烈的个性意识使他们十分注重个性的张扬，喜欢标新立异而不愿随波逐流；对不甚了了的问题喜欢较真，爱“打破砂锅问到底”，崇尚竞争，反对“和稀泥”，对别人不同的见解绝不轻易苟同，而是要经过激烈的辩论直至把问题弄个水落石出才肯罢休。这种求异思维使得他们的思想往往极富挑战性、创造性和前瞻性。

综观西方人的思维模式，可以看出它的某些特点或优点，它是以讲究逻辑推理的、重视理性与实证的直线式抽象思维为主体，具有主题鲜明、概念清晰、要点突出、层次分明、逻辑严谨、思维简洁、强调个性、注重细节或局部、崇尚求异思维等特点。略有不足的是，与其语言文字相似，它虽然逻辑性、自然性较强，但人文性、艺术性相当差，缺乏形象、略显呆板；其全局观、整体感以及稳定性与中国人相比稍逊一筹。

最后，我们再来看一看国外学者是如何看待以中国为代表的东方人和西方人在思维模式上的差异的吧。“西方思维”模式假设存在于人们头脑中的概念和具体的现实之间具有某种直接的关联。这种定位必然极其看重逻辑与理性。大多数西方人认为，真理就在身外世间，遵循科学的方法，进行逻辑运算，我们能发现真理。道家学说曾精辟阐释的东方思维模式却坚持认为，问题能以完全迥然不同的方式加以解决，其前提是，人们并非瞬间就被赋予理性。西方人发现真理是通过积极地寻求探索和亚里士多德式推理方式的运用。与之相反，许多东方人却是耐心地等待，认为如果真理即将被获知，则它将会自我现身的。史·库里克描述了亚洲人的直觉顿悟方式和西方人的理性思维方式之间的差异：“一种思维（亚洲人）发展和调教人的情感天性、礼貌意识、审美趣味，另一种思维（西方人）则是发展和调教人的理性与意志、独立思维和行动的能力。前者孕育了礼仪文化，可后者则衍生了理性文化。”

第二节　中西价值观比较

本节的主要内容是中西价值观比较，在前文中我们对中西思维模式的差异性有了初步的了解，下面为了能够更好地促进中西方的跨文化交流，在本节我们将着重论述中西价值观的差异性。

一、政治观念

为了使大家更好地了解中西方政治观念的差异，下面我们将从权力观念、民主观念以及人权观念这三个方面逐步论述。

（一）权力观念

值得我们注意的是，西方人对待权力的看法与中国人有很大不同。从一定程度上来说，西方人尤其是未经历封建制度的美国人对权力的追求欲望远不像中国人那样强烈，他们的权力欲已大大淡化。在多数西方人看来，权力不过是选民或上级政府所给予的借以执行职责、完成任务的手段。何况在以“三权分立”为标志的西方式民主制度下，掌权者手中的权力受到了极大制约，法律的威慑、法制的健全以及舆论监督体制的发达使得执政者不敢以权谋私，故而除了相对较为优厚的工资福利待遇外，权力实际上并不能给掌权人带来特别大的私利。况且，西方国家的当选总统本人大多属于富人阶层，腰缠万贯，总统的年薪来说对他们并没有太大的诱惑力。以美国总统布什为例，据报载，布什的祖父普雷斯特·布什是靠做石油、军火生意起家的，他与老洛克菲勒关系密切，二次世界大战期间曾发过战争财。布什的父亲乔治·布什也是石油资本家，同时也是军事工业投资集团卡莱尔公司的董事会成员、首席顾问。布什本人也在卡莱尔公司持有股份，并于1979年创办了布什能源公司。这些人竞选总统、上台执政或是为了代表和维护某些政党或财团的利益或是为了达到自己大展宏图、展示自我的目的，借以实现个人多年的梦想与夙愿。

从某个方面来说，中国人则较为崇拜权力，有潜在的、较为强烈的权力追逐欲，这主要源于数千年中国封建社会官宦制度或人才选拔机制。在当时实施封建专制、完全没有民主制度可言的历史条件下，官宦当然是社会中最有权有钱有势的人，因而求功名、走仕途成了人们发家致富、获取钱财、权势、私利的捷径。民间普遍认为只有当官才有出息、有前途，“万般皆下品，唯有读书高”“学而优则仕”的思想广播四海、根深蒂固。长达数千年的封建制度的影响、帝王将相潜移默化的作用，以及为官者大权独揽、颐指气使，甚至独断专行，从而权倾朝野、名利双收的事实，使人们在潜意识中对“权力”产生崇拜和追逐心理，甚至认为“权大于法”，有权就拥有了一切。尽管改革开放以来中国的法制得到极大的改进和健全，但毕竟还不够完善，仍有漏洞，为官者的权力很多时候没有得到很好的制约和监督，因而依然能给他们带来极大的物质利益，故而当权者利用手中职权以权谋私搞腐败的案件仍屡禁不止。这表明，这种追逐权力的心理和现象在当前仍大量存在。迄今所揭发出来的不少领导干部“跑官”“卖官”的腐败案例就是有力的证据。其实，这不过是中国古代已有之的“卖官鬻爵”恶习在当今时代的再现。当然，这种权力观历来受到中国共产党的强烈抵制和坚决反对，经过多年的斗争和努力，越来越多的人已经或正在摒弃这种落后腐朽的权力观，树立“勤政为民”“权为民所用，利为民所谋，情为民所系”的正确权力观。

（二）民主观念

众所周知，由权力观的差异又衍生出西方人和中国人在自由与民主观念上的差异。如果说西方人权力观的相对淡漠以及西方的“三权分立”对独裁、专制的遏制尚有一些可取之处的话，那么他们的自由民主观念就完全只维护资产阶级的利益。西方人历来尊崇并追求自由与民主，但他们的这种自由与民主，归根结底，是个人至上主义的自由与民主，是以少数人个人利益为最高利益的自由与民主，是以维护资本主义制度为根本前提的自由与民主。他们所谓的自由突出体现在他们的资产阶级人权观上。而他们所谓的民主则主要表现为西方式的选举民主。不过，就连西方人自己也对这种民主提出了疑义，20世纪90年代以来，西方一些有识之士已经指出这种自由主义民主理论的弊端，他们认为西方式选举民主是富人主导的政治游戏，对于大多数没有金钱实力的公民来讲，只有投票权利上的平等，而没有参与集体决策的平等。对于多元社会中广泛而深刻地存在的道德争端，常常也显得无能为力。此外，西方的这种民主制度实行的“一朝天子一朝臣”的做法同中国人长期形成的“选贤任能”理念也是相互冲突的。而反观当代中国人的自由与民主观念，则是以最大多数人的根本利益为前提的。就是说，当代中国实行的是马列主义所倡导的最大多数人的自由与民主，主要表现为以下几点。

（1）国家的一切权力归人民所有，政权掌握在人民手中。

（2）执政党代表人民的利益执掌政权，所做的一切都是为最广大人民谋利益。

（3）全体人民都有参政、议政的权利。

（4）在决策之际实行“个人服从集体、少数服从多数”的原则。

综上所述，中国的民主政治，从人民代表大会制度来讲，实行的主要是选举民主。从人民政协来讲，实行的主要是协商民主，这种民主形式的突出优点是能够在选举前后保证来自各界的政协委员都能平等地参与公共政策的制定过程，自由地表达自己的意见，包括对道德问题提供协商的空间，在理性的讨论和协商中做出大家都能接受的决策。也就是说，中国的民主制度是“选举+协商”的民主制度，有其独特的优点。虽然中国式的自由与民主，尚不够健全，但正处于不断的改进和完善之中。相比之下，这才是真正的、彻底的自由与民主。

（三）人权观念

人权观是与上述权力观特别是民主观相伴而生、密不可分的思想观念。所谓人权观念，从狭义的和学术的角度出发，存在着各种各样的定义和解释，但其广义而通俗的概念则是指人的各项政治权利以及经济、社会、文化权利，包括选举权、参政权、财产权等。换一种说法是指人的生存权、平等权、自由权、民主权、发展权等。

建立在西方资本主义价值观以及资产阶级民主观基础之上的是西方的人权观，只着眼于个人的人权，强调个人的“绝对”自由，而作为集体的社会以及集体利益代言人的政府则只能绝对地尊重和维护个人的人权，不得有丝毫“侵犯”。最突出的体现就是人们的言论自由、新闻自由、承认和保护私有财产以及大选中的所谓“全民直选”。而且近来西方还有人提出“人权大于主权”的概念，即若有哪个国家破坏了人权而又拒绝纠正，则国际社会可以进行干预甚至武力干预来加以制止。

需要注意的是，这些原本代表统治阶级利益的人权观念，在资本主义制度经历了数百年的发展之后，已经通过耳濡目染在西方绝大多数普通民众的心里扎下根来，成了他们的共识。虽然在资本主义社会初期，西方资产阶级高举“人道主义”以及“自由、平等、博爱”的大旗向反人权的封建制度发起猛烈冲击，从而代表着进步的力量，虽然而今西方的人权思想和相应的政治制度中仍然有一些合理的成分，但它总的基调始终浸润着极端的个人利己主义，实质上仍是为资产阶级的利益服务的，在当今时代它已或多或少蜕变为资本主义的遮羞布，西方国家的最广大人民并未真正实现彻底的人权，侵犯人权的事件和现象比比皆是、屡见不鲜。尽管这样，西方国家却总是看不惯中国所发生的事情，总是要说三道四，攻击中国的人权状况。例如，中国的计划生育政策、政治选举程序、人民代表制度和政治协商制度、民族政策、反对西藏独立的立场，等等，都会成为他们攻击中国的口实。而事实上恰恰就是在这些方面，中国政府做得是相当成功的。产生这种差异的根本原因在于，人权也是有阶级性的，西方和中国的人权观代表着不同阶级的利益、反映不同社会制度的本质。众所周知，马克思主义的人权观是中国的人权观，它特别强调人的生存权和发展权，将它们视之为人的首要权利。而且将人权划分为着眼于个人的个人人权和从集体利益出发的集体人权。权发展道路。……实现人民充分享有人权是人类社会的共同奋斗目标。人权保障没有最好，只有更好。

但必须承认的是，中国的人权状况也经历了一个曲折的过程。在遥远的古代，我国古代先哲提出的“天地之间，莫贵于人”“仁者莫大于爱人”的思想，在社会中有着深厚的影响。但后来随着封建社会的发展和日渐走向反面，普通大众的人权受到了践踏，并且在近代的半封建半殖民地时期发展到极致。甚至在新中国成立后的一段时期里，“以阶级斗争为纲”的指导思想导致人权问题在中国没有得到重视，从而在政治生活中特别是在后来的“文革”中出现的严重侵害人权的事件。不过，改革开放以来，随着物质文明与精神文明的迅猛发展，党和政府结合经济改革和政治改革采取了一系列举措，经过多年的努力，人权状况已有极大的改观，取得了明显的进步和成就。人民享有了过去从来没有过的人权保障。我国完全解决了13亿人口的温饱问题就是一个了不起的成就。中国的人权具有以下三个显著的特点。

（1）广泛性。享受人权的主体不是少数人，也不是某些阶级和阶层的一部分人，而是全体中国公民。中国公民所享受的人权范围是广泛的，不仅包括生存权、人身权和政治权利，而且包括经济、文化、社会等各方面的权利。国家不仅十分注重保障个人人权，而且注重维护集体人权。

（2）公平性。中国实行社会主义制度，消灭了剥削制度和剥削阶级，各项公民权利不受金钱和财产状况以及民族、种族、性别、职业、家庭出身、宗教信仰、教育程度、居住期限的限制，为全社会的公民平等地享有。

（3）真实性。“国家为人权的实现从制度上、法律上、物资上给予保障。宪法和法律中规定的各种公民权利，同人们在现实生活中所享受的权利是一致的。”（国务院新闻办公室，1991）我国政府关于我国人权问题的白皮书里的这段话，清楚地阐明了中国与西方在人权问题上的根本差异所在。而今我们已清醒地认识到，保障人权必须以保障最广大人民的生存权和发展权为前提，以加强社会主义民主法制建设和坚持依法治国为保证。十九大强调：为全面建设小康社会，实现中华民族伟大复兴的中国梦，全面深化改革、完善和发展中国特色社会主义制度、提高党的执政能力和执政水平，必须全面推进依法治国。

二、时空观念

时空观念是指人们对于涉及时间、空间范畴的行为举止的约定俗成的看法，又可分为时间观念和空间观念。

（一）时间观念

所谓的时间观念，主要包括以下两个方面的内涵。

一是指对于时间价值的看法。西方人在历史上率先进入工业化时代，科技和经济都较为发达，至今生产力水平已有了迅猛的提高，每一分钟都意味着新的产品问世、新的价值产生，由此而形成的快速的工作和生活节奏使他们深切感到“时间就是金钱”，而无休无止、尽最大可能地追逐利润是他们的奋斗目标，为此他们必须要节约和利用分分秒秒，去创造最大的价值，故而他们看重和珍惜时间，认真对时间进行规划安排，也十分守时。而东方人科技和经济的发展相对滞后，长期的以农业为主的小农经济的生产方式导致其生产和生活节奏缓慢，尤其因他们相对更重视形式、礼仪，不惜在繁文缛节上花费时间，因此他们远不如西方人那么珍惜时间，守时观念相当差。礼仪的繁复以日本、中国为最，较为典型的例子有日本的茶道、插花艺术和中国的红白喜事等等。以婚嫁为例，传统的中国婚礼通常要大办三天，事务繁杂、程序烦琐，其中的礼数相当复杂。而守时观念差又以阿拉伯人最为典型。以赴约为例，抵达时间比约定会面时间迟滞15分钟在他们看来十分正常，已经是很守时了；约会时间、计划安排等常常随意变动。对此，萨莫瓦评论道：当具有不同文化背景的人们走到一起来的时候，有关时间的观念和实践的运用也颇具重要性。大多数来自西方文化的人是依据线性空间看待时间的。我们是受时间约束的。我们的时间表和工作日程支配着我们的生活。德国人和瑞士人的时间意识甚至比我们还要强。对他们说来，火车、飞机以及一日三餐都必须始终准时。但有很多文化并非如此。在他们看来，是活动而非钟表决定人们的行动。例如，大多数美国土著语言中没有表示小时、分、秒的词语。由于上述缘故，美国印第安人以及其他许多文化的成员对于做事拖沓迟滞现象的理解迥然不同于主流文化的成员。

二是指对于过去和将来这两个时间段的看法。这方面的差异不再以西方和东方为界来划分，而是在古老国家和新兴国家之间形成一个“三续体”，即越是古老的国家，就往往越是看重历史、看重过去；越是年轻的国家，就越是眼光向前、看重未来。中国人，与英国、埃及、二耳其、意大利、希腊、日本等国的人们一样，由于拥有悠久的历史、灿烂的文化和辉煌的成就，必然会以拥有这样的“过去”而自豪，必然会对过去津津乐道、念念不忘，必然会对后代子孙耳提面命、谆谆教诲。此外，其中的中国等国家，在历史上曾经受到过外族多次入侵，屡屡遭受生灵涂炭、民不聊生的巨大灾难与痛苦，那种家破人亡、流亡失所的悲惨经历令他们难以忘怀；热爱自己优秀文化、优良传统以及热爱祖国的深厚情感使他们在拼死反抗外敌侵略的同时，也必然会教育他们的子孙不要忘记国恨家仇，把它作为历史教训以警后人，即所谓“前事不忘，后事之师”。再者，佛教特别是儒学的盛行使中国人格外尊崇先贤圣祖，不仅对他们顶礼膜拜，而且在现实生活中也经常地引用和践行祖宗先贤的话；他们高度看重历史的经验，讲究“以史为鉴”“古为今用”。知恩报德的优点也使中国人对历史上的英雄人物、功臣名宿尊崇备至。不过，较为看重过去的民族或文化一般也相对比较守旧、比较保守。而以美国为代表的新兴国家，通常更看重未来。因为这些国家的历史较短，还没有多少值得他们引以为傲的“亮点”。唯一能使他们感到骄傲的是，这类国家往往是社会历史发展的“后起之秀”，发展极为迅速，在全世界各国中走在前面、引领着时代潮流。这些国家几乎没有什么陈规旧俗，因此人们的思想不那么保守，更富有冒险精神和创新精神。在他们看来，今后永远会比现在好，希望在未来；而他们又不愿落后于他人、落后于时代，被看成是守旧的、落伍的人。所以他们总是朝前看，不断朝着未来的目标努力奋进，故而他们更看重将来。其中尤以美国人和美国文化为甚。

需要强调的是，中国这类正在迅猛发展、迅速崛起的古老国家已意识到自己传统观念的局限性，因而正在愈来愈多地审视自己的未来命运，越来越多的重视自己未来的发展，正所谓“以史为鉴，面向未来”。而且在这个过程中不断打破保守观念，积极开展创新活动。他们正在摘除“只重视传统”“保守、守旧”的帽子，把自己打造成面向未来的、可持续发展的创新型国家。

（二）空间观念

所谓空间观念，是指人们在长期生活实践中逐步形成的、有关交际各方的交往距离和空间取向的约定俗成的规约以及人们在社会交往中的领地意识。

1. 交往距离。所谓交往距离，又叫近体距离，是指交往中交际各方彼此之间的间隔距离。一般说来，交往距离可分为以下两种。

（1）人情距离

个人与个人在不同的交际环境（指交际场合和交际者个人亲疏关系）中进行交际时，彼此之间与之相应的、令人感觉舒适、具有人情味的空间距离。这大多是指彼此至少相识的人们之间的交往距离。例如，相互关系较为亲近密切（如夫妻、恋人等）时，其间的距离一般为0至0.45米，其中的零距离当然是指彼此身体的接触，如抚摸、拥抱等；而对于非直系亲属的亲戚、朋友、熟人、同事以及商业上的伙伴或同行等，其间的适宜距离为0.45米至1.2米。另外，还有交际场合的因素，在较为公开的场合（例如大型聚会或舞会、开业或颁奖典礼等社交活动），人们之间的距离都会略微远一些，一般刚好能嗅到对方身上所用香水或修面液的气味；而在较为隐秘的场合，人们就往往会靠得近一些。例如，采用耳语或细声细语讲述谈论机密要事时的距离一般为7.5厘米至50厘米左右。

（2）社会距离

个人与社会发生交往或互动时彼此之间的适宜距离。这多是指个人与陌生人、社会组织、政府机构等打交道时相互间应有的距离，这类交际是较为正式、讲究礼仪的，对于交际双方的社会地位给以较大的关注并在交际中进行必要的、适宜的调节。例如，到商场购物时与售货员的交往距离、到政府部门办事时与各级官员的交往距离等，一般特别注重礼节和礼貌，这个距离近一点的可在1.2米到2.1米之间，远一点的可在2.1米至3.6米之间。

2. 空间取向。所谓空间取向，是指交际各方在交往中所取的空间位置、朝向等。就空间取向的问题而言，最常涉及的就是座位安排问题。

（1）就餐的座位安排

通常情况下，家庭餐桌的座位安排在中西方是大同小异的。作为一家之主的男性最高长辈坐在桌首位置，而家庭主妇坐在桌尾通常靠近厨房的位置以便端菜盛饭等，其他家人分坐桌子两侧。不过在男尊女卑的封建社会时期，中国的女子通常是不上桌的。

需要强调的是，相比之下，筵席餐桌的安排则要复杂多了。中西方的共同之处是，以宾客或长者为尊，故主宾（及其夫人）或长者坐上方，其他主客都要依据其辈分或职位高低在两侧依序就座。不同之处是，西方人安排餐桌座位通常以右为上、左为下，中国人则以面南（或朝向房门）为上、面北（或背向房门）为下。西 方人如有夫人出席是以女主人为主，让主宾坐在女主人右上方，主宾的夫人坐在男主人的右上方，而中国人则让主宾（及其夫人）或长者在上方就座，主人或晚辈坐在下方；西方人就座时男女相间但夫妇分开，中国人则男女各坐一侧，不过若为夫妻也可挨着就座，等等。

（2）会谈的座位安排

正式场合如外事会谈或商业谈判时，中西方的就座安排基本相同，都是右为上和面向房门为上。因此，主宾及其他客人应坐在主人右侧或面对门的一侧（在长桌两侧就座时），主方其他人员则坐左侧或背向门的一侧（有长桌相隔时）。

非正式场合的交谈，英美人总是面对面或彼此呈直角就座，其中前者往往是谈正事，态度较为严肃、庄重，后者则往往是谈私事或聊天，交际双方的关系较为密切友好。如果同坐一侧，就表明两人关系十分密切，通常是夫妻、恋人或密友。而中国人在谈正事时与西方人相似，尤其是谈判、商讨要事、宣布重大事项时更是要面对面隔桌而坐，批评或训斥下属则大多面对面隔桌站立；但是谈私事、唠家常、海阔天空地闲聊时，则无论彼此关系是否达到十分密切的地步，都喜好肩并肩并排就座。

三、社会人际观念。为了使大家对中西方的社会人际观念的了解更加透彻，下面我们将从性别观念和年龄观念两个方面来具体论述。

（一）性别观念

人们对于男女两性在家庭以及社会中的作用和地位及其相互关系的固有观念或看法就是性别观念。具体说来主要有以下三种观念。

（1）男尊女卑，又称之为“重男轻女”或“大男子主义”，是“男性意识”过强的表现。

（2）男女平等。

（3）女权至上主义，这是“女性意识”过强的表现。其中，男女平等是绝大多数人所追求的、真正合理的理想境界。而另两种观念或处世原则却不免过于极端，违反了人权平等的理念，因而是不可取的。但世界各国真正实现男女平等的却寥寥无几，“重男轻女”占了绝对上风，只是程度有所不同而已。

美国学者萨莫瓦和波特说：“男性意识指的是社会中占主导地位价值观以男性为导向达到较高程度的现象或观念。通常与下列行为有关，刚毅果敢、雄心勃勃、成就累累、善于挣钱、男子气概、拥有财富，既不关心他人、也不关注生活质量。”

不同的文化、不同的种族或民族对此所持有的不同看法，在不同的国家之间也形成一个连续体。

这个连续体的一端持有以下两种观点。

（1）社会或家庭以男性作为主宰者、支配者、统治者，而女性则从属于男性，处于受男性支配的地位，主要职责是养儿育女、操持家务、照料老人、为男性服务，为此甚至应该舍弃自己的事业、牺牲个人的前途，即所谓“男主外、女主内”。

（2）社会的运转包括经营管理、社会交往等应以男性的行为方式进行，充分体现男性的个性特征（果敢刚毅、坚忍不拔、勇于竞争、敢于冒险、富于攻击性）。显然，这一端体现了以男性为中心的观念，即“男性意识”，有强烈的“重男轻女”的色彩。

这个连续体的另一端的观点则正好相反。

（1）女性所从事并擅长的生育喂养和照料护理才是人世间最有重要意义的事，她们所做的贡献丝毫不亚于男性，因而她们才是社会中至关重要的角色；而且女子一样也可以走出家门参加工作、经商办企业、参与社会活动、追求个人事业等，她们一样也能干得十分出色并取得成功。因此，应给予女子与男子一样的平等地位，包括男女同工同酬等。而男子不应该有任何高于女子的特权，顶多是由于生理构造的差异而分工不同而已，所以他们也应该从事家务一类的劳动。

（2）社会和家庭的正常运作应以女性的行为方式进行，体现女性的个性特征（温和稳健、温柔仁爱、友好合作、追求和谐、富于宽容心）。显然，这是以女性为中心的思想观念，即“女性意识”，有“女权主义”的倾向。

值得我们注意的是，不同的民族在家庭生活特别是社会生活中表现为“男性意识”或者“女性意识”的特点是各个民族在长期的历史与社会实践中逐步形成的，是他们的民族个性特征之一，因此其本身并无优劣之分或者说它们都具有其各自的长处和短处。但是极端的“男性意识”即大男子主义和极端的“女性意识”即女权至上主义却是极其有害的，需要加以消除和防止。

世界上不同的文化、不同的种族或民族所拥有的性别观念按其归属和程度的不同在这两端之间排列。荷兰学者Geert Hofstede用下列图表来反映世界40个主要国家和地区的性别观念差异。其中，排位越是靠前的，其男性意识越强；排位越是靠后的，其女性意识越强。

表2-2-1 40个国家或地区的性别排位对比

Ranking	Country or region	Ranking	Country or region
1	日本（Japan）	21	加拿大（Canada）
2	奥地利（Austria）	22	巴基斯坦（Pakistan）
3	委内瑞拉（Venezuela）	23	巴西（Brazil）
4	意大利（Italy）	24	新加坡（Singapore）
5	瑞士（Switzerland）	25	经色列（Israel）
6	墨西哥（Mexico）	26	土耳其（Turkey）
7	爱尔兰（Ireland）	27	中国（China）
8	英国（Great Britain）	28	伊朗（Iran）
9	德国（Germany）	29	法国（France）
10	菲律宾（Philippines）	30	西班牙（Spain）
11	哥伦比亚（Colombia）	31	秘鲁（Peru）
12	南非（South Africa）	32	泰国（Thailand）
13	美国（U.S.A）	33	葡萄牙（Portugal）
14	澳大利亚（Australia）	34	智利（Chile）
15	新西兰（New Zealand）	35	芬兰（Finland）
16	希腊（Greece）	36	前南斯拉夫（Yugoslavia）
17	中国香港（Hong Kong China）	37	丹麦（Denmark）
18	阿根廷（Argentina）	38	荷 兰（Netherlands）
19	印度（India）	39	挪威（Norway）
20	比利时（Belgium）	40	瑞典（Sweden）

需要指出的是，此表中的排位顺序主要是依据性别观念中的第二方面的含义，即社会和家庭的运作方式上的差异来进行排位的，而没有侧重于男女之间相处关系上的差异。这就是让人们觉得表中排位状况似乎与现实不完全相符的原因所在。

从表中数据可以看出，世界各民族性别观念上的差异并不是以东西方为界的。男性中心观念最强的有日本、奥地利、委内瑞拉、意大利、瑞士等国，而女性中心观念最强的有瑞典、挪威等北欧五国。世界上最重男轻女的民族或国家莫过于日本以及表中未列的韩国。我们了解韩国所流行的“男性中心”的性别观念后，可以看出中国在这方面取得的进步。

由表2-2-1中数据可知，中国人的性别观念处于连续体的中段。不过在半个多世纪以前，特别是在封建社会时期，中国人的男性中心主义观念也是相当浓烈的。儒教的“男尊女卑”思想曾经盛行几千年，所以社会生活的各个方面都表现出严重的重男轻女的倾向，与日本、韩国一致。只是随着新中国的建立、妇女的解放以及社会的进步，人们的思想观念产生了巨大的变化，重男轻女的倾向在近半个世纪得到了较大的扭转，基本上实现了男女平等。当然我们还必须看到，而今在中国，社会中仍然在一定程度地存在一些重男轻女的不良风气。例如，招工招聘时歧视女性、只愿生男而不愿育女，等等，若想将它们彻底清除，还需要我们付出更大努力。

需要我们注意的是，英美这样的国家在上面的表中排在中国的前面，说明其男性中心观念相当强。但需注意的是，其表现与中国、日本等东方国家有着质的不同。这些西方国家的男性中心观念主要表现在社会生活中，包括从政、管理、生产、经营等各个领域，处处表现出男性的个性特征，而且其当事者特别是领导者中男性占了绝大多数，男性明显压过女性一头，存在“男强女弱”的现象，体现了男女不平等的性别歧视，而且一度也相当严重，故而导致了20世纪60年代的“女权运动”即“妇女解放运动”的兴盛。而在家庭生活中，大多数情况下男性还是比较尊敬女性的，男性并没有像日本男性那样“欺压”女性。简言之，在家庭生活中，女性并没有沦为“奴隶”、低人一等；在社交场合以及公共场所，西方社会更是尊崇并践行“女性优先”的原则，表现出彬彬有礼的君子风度。

（二）年龄观念

众所周知，实际上年龄就是人们生存的时间跨度，它是时间概念下的一个特殊范畴。所谓年龄观念，是着眼于人们年龄长幼的另一种时间观念，它是指人们对待年龄问题的固有的观念或看法。西方人尊老爱幼的观念远不像中国人这么强烈，这是源于西方人历来重视能力、轻视资历、讲究民主、追求平等、崇尚人权的思想以及他们强烈的以个人为中心的独立意识即个人意识。他们没有长幼之间排资论辈的陈腐观念，家庭中上下辈之间也很民主，长尊幼卑的观念很弱，小辈直呼长辈的名字屡见不鲜。西方人的这种年龄观念正是人权观、民主观在家庭和社会的人际关系中的一种体现。

另据美国媒体2006年9月3日报道，美国著名钢铁城市匹兹堡市市长鲍伯·奥康纳1日死于脑癌，继任市长是年仅26岁的路克·拉万斯塔尔，不过在这之前两年就已成为匹兹堡市议员并于2005年12月当选市议会议长之职。据悉，已经宣誓就任市长的路克是美国匹兹堡市历史上最年轻的市长。

上面这个实例典型地说明了以英美为代表的西方人在选拔人才、聘任职务时，是不看重年龄、经验和资历的。他们看重的是能力，是能否胜任、是否适合。18岁的高中生当选市长，这在中国简直是不可思议的，是完全不可能的事。另一方面，上述案例又反证了前面有关权力观部分所提及的西方人对权力的看法，大多数人对权力看得很淡，因为掌权者手中的权力受到了一定的制约，它们的权力远不像中国人所想象的那么大。

与西方人相比，东方人特别是以中国、日本、韩国、菲律宾等国为代表的东亚人，历来就有长尊幼卑的观念。卢西恩（Lucian）是这样论述东方人的这种观念的："儿童常常被教导，当他们被介绍给年长的人时要亲吻年长者的手，在年长者面前要彬彬有礼，要起身主动给年长者让座。人们鼓励年轻人听年长者的话，向年长者学习。他们被告知，只有从那些曾在过去年代里生活过的长者才能学得任何有价值的东西。"[①]总之，老年人在中国历来享有很高的社会地位。原因是中国人从古到今，历来都是尊崇敬老爱幼、扶老携幼，老人、长辈在家庭乃至家族中拥有较高的威望和决策权，子孙后代又深受"忠孝"的教诲。受此影响，中国人逐渐形成了排资论辈的思想，在工作中、在事业上，尤其是在选拔人才、提拔干部时，人们比较看重资历、经验和工作年限，很多时候青年人总是要吃亏一些。尽管近年来这方面已有很大扭转，但这陈腐观念尚未得到彻底清除。

第三节　中西生活习俗比较

本节将主要论述中西生活习俗的异同点，为了大家能更多地了解，下面我们将从赞扬、祝贺与致谢以及迎客与道别等四个方面来具体论述。

---

① 闫文培.全球化语境下的中西文化及语言对比［M］.北京：科学出版社，2007。

一、赞扬、祝贺与致谢

中国的传统美德有很多，谦虚谨慎就是其中一种。因此，中国人对别人的恭维或夸奖总是推辞或谦让。例如：

“您的英语讲得真好。”——“哪里，哪里。”或“哦，不行，不行。”

“菜做得很好吃。”——“过奖，过奖，做得不好请原谅。”

当英美国家的人向我们中国人表示赞扬或祝贺时，我们即使心里高兴，嘴上难免要谦虚一番。这大概是我们中国人认为“谦虚”是一种美德的缘故，以为不这样，就是对别人的不敬。例如，当外国旅游者夸赞中国导游小姐流利的英语时会说：

“Your English is quite fluent.（你英语说得很流利）”

而中国的导游小姐往往会谦虚地回答道：

“No，no. My English is very poor.（不，不，我的英语讲得不好）”

对于中国人的谦虚回应，英美人会误解为对方对自己的判断力表示怀疑，因而会本能的感觉不快。而西方人从来不过分谦虚，对恭维一般表示谢意，表现出一种自强自信的信念。经常可以听到下面这类对话：

“You can speak very good French.”——“Thank you.”

“It’s a wonderful dish!”——“I am glad you like it.”

所以，中国人要注意，当听到英美人对我们的称赞时，千万不可回答：“No，I don’t think so”。这种回答在他们看来是不礼貌的，甚至是虚伪的。根据英美人的习惯，当他们赞扬别人时，总希望别人以道谢或爽快接受的方式作答，而不希望以谦虚、客气的方式作答。因此，对于上面赞扬那位中国导游小姐的那类恭维话，英美人的回答通常是：“Thank you”或“Thank you for saying so”。

中国人使用“谢谢你”远没有英美人使用“Thank you”那样频繁。中国人只有在别人提供了重要而有效的帮助时，才会说：“谢谢”，而且是发自内心真正表示谢意；如果说得过于频繁，则反会让人觉得“见外”或“虚伪”。家人或密友之间互相帮助在中国被认为是十分正常的事情，故而通常彼此之间不用致谢。英美人无论是家庭成员之间，还是上下级之间，上下辈之间，为了一件诸如端茶送水之类的小事，甚至是分内之事都V需说：“Thank you”；这里“谢谢你”只是习惯性的用语，常常并不表示多大的谢意。作为对别人致谢的回应，中国人往往会说：“这是我应该做的。”假如把这句话直译成“It’s my duty”，就会让英美人听起来不那么愉快，很别扭，因为“It’s my duty”的含意是：“我本不想做，但这是我的职责，所以不得不做。”这与汉语表达的原意有很大出入。对英美人的谢语最适当的回答应是“It’s a pleasure.（我很乐意）”“Don’t mention it.（没什么）”或“You’re welcome.（不用谢）”

另一个中国人所尊崇的传统美德是施恩不图报。许多中国人在施恩行善时是不图任何回报的，对受其帮助的人给予的感谢之词总是说“不用谢！不用谢！”“这是我应该做的。”而对于受惠者给予的物质回馈或金钱奖励一般绝不肯收，实在推脱不掉而收下时也会说声“恭敬不如从命”。对待感谢之词的态度与回应，西方人与中国人大同小异（除了绝不说“恭敬不如从命”之类的话），但对待物质奖励的态度，西方人则有很大的不同。

二、迎客与道别

众所周知，中国人与西方人的迎客与道别方式也不同。深受源远流长的儒学礼教的影响，中国人特别注重礼仪。客人特别是尊贵的宾客来访时，中国人通常会出门远迎，虽然这在当今时代一般人家已经不多见，但在较为正式的场合，如婚礼、开业典礼、重大宴会等，仍屡见不鲜。而英美人除了在外交场合，历来无此习惯。中国人与客人尤其是尊贵的客人刚见面时通常会采用握手礼或拱手作揖行。握手礼，较为庄重的场合则行鞠躬礼，有时是伸出双手紧握对方的一只手以表示深情厚谊，所用的问候语通常是：“别来无恙？”“能与您见面真是三生有幸”“您的到来真是令敝舍蓬荜生辉”等，最常用的则是“欢迎！欢迎！”。而英美人没有这么多客套，一般问候一句“How are you?”或“Glad to see you（again）.”即可。行礼方面近代以来也多采用握手礼，庄重的场合则除了握手之外还要行拥抱礼或者吻颊礼。

一般情况下，中国人道别时，也是习惯于远送，一般总是把客人送到家门口楼下门洞、庭院门口或者马路上，甚至送上车。客人通常会对主人说：“请留步”，主人最后要说：“走好”“慢走”“再来啊”等等。这些话都不能直译成英语，如果说“Stay here”“Go slowly”“Walk slowly”“Come again”，则听起来不顺耳，也不符合英美人的习惯。其实，英美人在道别时通常微微一笑并作个表示再见的手势或说：“Good-bye（再见）”“See you later（回头见）”“So long（再见）”“Take care（保重）”就可以了。

三、赠送和接受礼物

中国人送礼物比较看重礼物的金钱价值，以其价值的高低来判断礼物的轻重，所以礼物常为贵重之物。而且礼物通常是在商场里精心挑选购置，或者是送礼者家中珍藏之物。

而西方人则更看重礼物的人文价值，以其隐含的情谊、心意的真诚程度来衡量礼物的价值高低。礼物可以是从商场购得，但不在其贵，而在于其新颖奇特、不同凡响，在于送礼者的精心构思。礼物也常常由送礼者亲手制作，如圣诞贺卡、生日贺卡之类；他们并不看重其价值几何、制作水平高低，而是看重送礼人的一片心意。所以有时候制作工艺不佳甚至简陋的礼物仍能为收礼者所喜爱，这一点常常为中国人所不理解。

中国人收到礼物时，一般是放在一旁，确信客人走后，才迫不及待地拆开。受礼时连声说："哎呀，还送礼物干什么呀？""真是不好意思啦。""下不为例哟。""不好意思，让您破费了。"可见，中国注重礼仪、形式、客套的传统使得中国人的这类举止略显虚伪，常为西方人所不理解。

而西方人收到礼物时，一般当着客人的面马上打开，并连声称好："Very beautiful! Wow!""What a wonderful gift it is!""Thank you for your present."。

四、请客吃饭

中国人对礼仪十分注重，追求排场，爱面子，热情好客，喜欢请客。所谓"礼尚往来"不只是指送礼，也指请客吃饭，有点大事小情他们就想"办一桌""聚一聚"。请客都要事先发送大红请帖以示尊敬和隆重，开宴之前以及结束之时，东道主通常会亲自到门口迎来送往，餐桌之上客套话接二连三（诸如"略备薄酒，不成敬意""感情深，一口闷；感情浅，舔一舔""只要感情有，什么都是酒"之类），吃菜时一般也是客随主便，每每主人先动筷子，客人方随之而动，而且多以主人不断劝酒、为客人夹菜为礼；有时甚至"逼迫"客人饮酒，以灌醉客人为荣。中国人好要面子，重视名声，因此请客时往往会竭力大操大办。唯恐菜肴不丰盛、宾客不盈门，追求气派，崇尚奢华，以彰显自己的地位、财富、权势或慷慨等。所以，中国的宴饮常有铺张浪费之嫌，餐后造成大量剩饭剩菜一倒了之。即使是没有事先安排的临时性请客，请客者往往会自觉主动地"掏腰包”，席间的客套话、劝酒话也是少不了的。平时，若是几人一同外出就餐，通常是由其中一人付账，大多由“张罗者”买单，仿佛各付各的账就是没面子。中国人很顾面子，说出去的话不能随便收回，所谓“君子一言，驷马难追”，于是就有虽囊中羞涩也要“打肿脸充胖子”、只好“寅吃卯粮”或不惜举债来买单这类事情屡屡发生。而且客人赴宴吃饭还有一个陋习，即饮宴结束时碟盘中一定要剩余一点不可吃光，否则便是没有风度。虽然现今这套餐桌礼仪已不如古代那样严格，西方式的“AA”制也已开始流行，但这方面的传统观念依旧盛行，并无本质的改变。

与中国人相比，西方人则事事注重实效，并不看重形式，因此没有重要的理由一般不轻易请客，而且在请客时远没有中国那样繁复的礼仪和客套。礼仪虽然简单，但他们却很看重饮宴现场的情调，往往都要精心布置一下或者选择情调高雅的场所，不过追求的并不是昂贵奢华，而是奇特新颖、静谧温馨乃至热烈火爆。在请客前，除了十分正式的场合（如国宴、婚礼等），一般不发请帖，多以电话通知。请客形式也以茶话会、酒会、自助餐等形式为主。他们崇尚节约，反对浪费，钱一定要花在刀刃上，因此似乎显得抠门、吝啬一些。对客人的迎来送往也十分简朴，轻握一下手或点头示意即可，很少门外远迎和远送。餐桌上一般除了开始时有几句祝酒之类的话以外，少有中国那种成篇累牍的餐桌客套话，吃喝则主随客便。饮食也相对简单，讲究杯干盘尽桌净。

中国人招待客人时，一般都准备了很多美味佳肴，菜式种类繁多。主人在饭桌上会不断地劝客人享用，自己还谦虚：“没什么菜，吃顿便饭。”或“薄酒一杯，不成敬意。”西方人会对此大惑不解：明明这么多菜，却说没什么菜，这不是实事求是的行为。而他们请客吃饭，菜肴特别简单，经常以数量不多的蔬菜为可口的上等菜，席间劝客仅仅说“Help yourself to some vegetables，please．”，也就是吃喝听由客人自便。

值得我们注意的是，更有甚者，在有些西方国家，“请客”和我们通常所理解的意思不一样。在日常生活中普通的礼尚往来的请客，常常实行的是“AA”制，主宾用完餐后须各自付账。需要引起注意的是，在美国的中国人常常反映美国人说话靠不住，说是要请人吃饭却迟迟不兑现直至不了了之。其实，美国人常说“We must get together soon．”之类的话不过是客套话而已，并非是正式邀请。社会语言学家专门就这个题目进行了研究，分析客气话与正式的口头邀请在语言的使用上有什么区别。他们发现正式邀请比客气话要具体得多，一般来说邀请需要包括时间、地点。有的话听起来似乎很像是邀请，但如果没有具体的时间、地点则仍然不能看作是邀请。所以，在与英美人打交道的过程中听到这类类似邀请的话语时，一定要辨析和分清它到底是真正的邀请还是纯然的客套话。

五、婚礼习俗

为了大家对中西方的婚礼习俗更加了解，下面我们将从中国婚礼习俗、英美婚礼习俗以及中西方婚礼习俗的共性与差异这三个方面去论述。

（一）中国婚礼习俗

几千年来，中国传统婚姻一直实行的是“纳彩、问名、纳吉、纳征、请期、亲迎”的六礼之仪，具有迷信色彩和烦琐、奢靡等弊端。所谓“纳彩”，是指男方家中请媒人带上礼物到女方家中提亲的礼仪。所谓“问名”，是指在提亲得到女方家长的允许后，男方家中以书面形式正式向女方家中询问女方的年龄、品貌、家产、健康等相关事宜，而女方家中也是以书面形式告知，即人们常说的“交换生辰八字”或“合八字”，以判别男女双方是否般配。后来则演变为男女双方交换龙凤帖，它是指写有男女双方姓名、出生年月日时（即八字）及家庭情况的庚帖。所谓“纳吉”，是指在纳彩、问名顺利通过之后，由媒人将卜婚的吉兆告诉女方的礼仪，婚姻关系由此而确定。媒人在告之结果时也是要带上礼物的，这相当于后来的订婚，民间俗称为“过小定”“定聘”。所谓“纳征”，又称“纳币”“过大定”，指在婚姻关系确定之后，男方家中正式将聘礼（也就是民间俗称的彩礼）送到女方家中的礼仪。这一仪式较为隆重，男方家中往往借此机会来光大门楣，炫耀门第和财势。聘礼通常备有礼单，礼品装在箱笼内，或挑或抬，走街串巷，一路燃放鞭炮，吹奏鼓乐，在媒人的护送下送至女方家中。女方家中一般是收下一部分，将聘礼中的部分食品退回男方。回礼之后，就该准备嫁妆了。嫁妆就是女方家中陪送的物品，这些物品是由女方家庭负责制作、定做或购置的，包括家具、服装、床上用品等。各地陪送嫁妆的风俗不同，所陪送的物品也会有一些差异。所谓“请期”，是指男方家中选定婚期后，备了礼物，请媒人将结亲的日子告诉女方家中并征得其同意的礼仪。婚期的确定一般是通过查皇历或是请算命先生测算，遴选——黄道吉日。所谓“亲迎”，是指在事先选定的黄道吉日那一天由新郎亲自到新娘家迎娶新娘的礼仪即男女成亲的婚礼。

一般情况下，中国人的传统婚礼会在新郎家中举行。婚礼当天，新娘新郎都要穿崭新的传统中式服装，多为红色以取讨喜、避邪之意。新郎古时多着九品官服，近代多穿长袍马褂，大红花扎在胸前，头戴礼帽，新娘古代多戴凤冠、披霞帔，近代则多着大红的新衣、长裙，还要头罩红盖头。迎亲时新郎要骑高头大马，用花轿到新娘家去接新娘。而新娘上轿时脚是不能沾地的，或者将花轿抬至屋门口，再由新娘的父兄将其抱到花轿上。或者在地上铺上红毡子或席子让新娘踩踏而过。或者在不乘花轿时要由新娘的舅舅或兄弟轮流背至新郎家中。据说这样可以显示新娘的身份高贵，同时也不至于把娘家的财气和福气带走。迎亲路上还要请个乐队吹吹打打，一路上唢呐声声、锣钹阵阵以示喜庆，返回时还要抬着新娘的各色嫁妆。抵达新郎家后，新娘先要迈过火盆方可入室，寓意“婚后生活红红火火”。然后一对新人要在司仪的主持下施行拜堂大礼，一拜天地、二拜高堂、三是夫妻对拜，其后送入洞房，而后新郎要为新娘揭盖头、和新娘共饮合婚酒（后改为交杯酒），亲友们还要请新娘“吃喜果”，即将红枣、花生（长生果）、桂圆、莲子、栗子等送给新娘吃（也有抛撒在睡床上的），取意“早生贵子”“连生子嗣”，表达了人们希望子孙昌盛的愿望，到了近代众亲友还要闹洞房等。新郎家中还要大摆宴席，招待以新娘家人如娘家舅等为主的各路宾朋，而且新郎要亲自到宴席上逐桌敬酒。与此同时，新娘的娘家也要摆宴庆贺，按规矩不能伴随新娘去新郎家赴宴的新娘父母以及娘家的其他远近亲戚（迎亲、送亲并非人人都能去，俗语就有“姑不娶，姨不送；舅妈送，一场病”的说法，意思是说新郎的姑姑不能去迎亲，而新娘的姨妈、舅妈也不适合去送亲。按照较为严格的传统习惯，一般只有新娘的兄弟姐妹以及姐夫、妹夫、舅舅、嫂子、弟媳方可陪伴新娘前往新郎家）就在娘家吃酒席；一般须摆宴三天，等候新娘同新郎第三天“回门”（又叫“归宁”）。新娘的回门即宣告婚礼的结束。

需要我们注意的是，到了19世纪末，随着中国社会的发展变化和西方婚仪习俗的东渐，中国民间的结婚习俗有了很大的变化，一些先进的中国人开始参酌中西方婚礼习俗，既吸取西式婚仪的隆重、热烈、简便的优点，又抛弃其在教堂举行等宗教的习俗，创造了一套中国式的所谓“文明结婚”仪式。主要内容包括：经过自由恋爱决定成亲的男女首先到结婚登记部门领取或购买结婚证书，填上新郎和新娘的姓名、年龄、籍贯等，然后在预定的婚期举行婚礼，由证婚人、介绍人和男、女双方主婚人在结婚证上用印即可。过去的很多讲究已不复存在，如无须下聘礼、不换庚帖但要摄影留念；不罩红盖头，不骑高马也不抬花轿而用彩花装饰的小汽车接送；不拜天地而是向介绍人、证婚人、主婚人和全体来宾行礼；举行婚礼仪式、摆宴席更多的是在酒店宾馆举办；新郎新娘同上酒桌向客人敬酒等。这种新式婚礼，破除了旧式婚礼的许多迷信和陋习，带来了不少方便，从而逐步为民众所欢迎，绵延至今。

当代中国有一部分人特别是大城市的时髦青年的结婚习俗更多地吸纳

了西方式婚礼的元素，举行完全西式的婚礼。例如，穿着西服婚纱、在教堂举行婚礼、设伴娘伴郎、互相交换结婚戒指、举行茶话会或酒会而不摆筵席、外出旅游度蜜月等。此外，更加简约而文明的现代集体婚礼也让人耳目一新，正逐渐盛行起来。不过，需要说明的是，广大的乡村以及偏远落后的城镇仍保留、沿袭着旧式婚礼的大部分习俗。

（二）英美婚礼习俗

1. 结婚地点。英国人通常是在教堂或政府的结婚登记处举行婚礼，而美国人的婚礼则常在家中、公园、酒店或婚礼小教堂以及教堂举办。传统的婚礼，又叫做“白色婚礼”，是在教堂举行，新娘身着白色婚纱，即使是不信基督教的人们也常常选择这种传统的婚礼仪式。

2. 婚礼中的主要人物。婚礼的核心人物当然是新娘和新郎，此外还有伴娘和伴郎。新娘须身穿崭新的白色婚纱用以象征纯洁，脸罩面纱以防旧情人看到后嫉妒心起而搅黄婚礼，手捧一束鲜花以示喜庆。新娘穿新的同时还要戴旧，通常是戴一副已婚女士送的旧吊袜带，揣一枚借来的象征着太阳的金币，以及一件象征着月亮的蓝色物品，据说这样才能给她带来好运。新郎须西装革履，在美国时兴穿无尾晚礼服，而在英国则多穿常礼服。伴娘通常由新娘的女性朋友、姐妹乃至堂表姐妹等充当，她们一般身着长裙礼服、手捧鲜花。伴郎则多由新郎的朋友担任，同样要西装革履。

3. 婚礼前。婚礼的当天早上，新郎要回避新娘，因为传说婚礼前看见新娘不吉利。举行婚礼之际，新郎应首先到达教堂，与男傧相（即伴郎）一同在圣坛等候。伴郎负责携带结婚戒指，有许多关于伴郎丢失或忘戴结婚戒指的笑话流传。随后，新娘在其父陪同下乘小汽车抵达教堂，也流传一些新娘迟到、新郎焦急等候、生怕新娘不来的笑话。

4. 婚礼仪式。按照传统，新娘应由其父引交给新郎。在婚礼开始之后，新娘和父亲在结婚乐曲的伴奏下沿教堂中间的主过道缓步而上，伴娘紧随其后。当新娘和新郎在圣坛相聚，主婚的牧师或神父开始主持婚礼。他会问在场的人：“有谁知道法律上这两人不能成婚的理由？”如无异议，新人就开始相互立誓。誓言的内容相对固定，有时也可加以改动。例如，新娘通常说：“我，简·史密斯，愿以你，戴维·琼斯，作为我的合法丈夫，从今往后，无论是好是坏、是富是贫、患病或者健康，抛弃所有只钟爱对方，直至生死两分离。”新郎的誓词除姓名外与此相同。然后两人互换戒指，并说“我以此戒指为证，与你成婚。”婚礼的最后，主婚者会说：“我宣布你们结为夫妇”，宣告两人正式成婚。夫妇俩在注册簿上签字为证。

5. 婚礼之后。婚礼结束后，新婚夫妇走出教堂，朋友们便在教堂外向他们抛撒五彩纸屑或大米，摄影师为他们拍照留念。之后，新娘、新郎举行喜筵招待宾客。宴席中，新人同切婚礼蛋糕。在美国，新人要相互喂给对方一小块蛋糕，按照传统他们要把对方脸上搞得一团糟。宴席的最后。新娘的父亲、新郎和伴郎致辞。不等喜筵结束，新人就驱车前往酒店去度蜜月前的新婚之夜。车辆一般由他们的朋友装饰得花团锦簇，出发之前，新娘要向她的朋友抛花束。依照习俗，接到花束者将成为下一位结婚者。

（三）中西方婚礼习俗的共性与差异

1. 中西方婚礼习俗的共性。众所周知，中国人和西方人都将结婚以及婚礼作为人生的头等大事，所以特别重视，都要作充分准备和举办庄重的婚礼，渲染和打造浓烈的喜庆氛围，邀请双方的家人、亲友参加婚礼和喜筵，分享结婚的幸福与快乐：到了现代，随着中西方文化的相互交融，中国现代青年的婚礼日程已日渐和西方的婚礼趋同。

2. 中西方婚礼习俗的差异。中国人的传统婚礼比较讲究排场、繁文缛节，而且有很多迷信的痕迹。具体有以下两方面的原因。

（1）上千年的封建社会的影响，浸染着浓烈的包办婚姻和买卖婚姻的封建色彩，恋爱结婚不自主，违背当事人的意愿，违反人性。当然，这一弊端如今早已革除。

（2）中国人素来重视礼仪、喜好面子，因而在婚礼中特别重视形式、追求排场，婚礼礼仪烦冗、程序复杂。虽然婚礼、婚俗与宗教无关，却留有不少迷信的痕迹。

西方人的婚礼比较自由、浪漫，具有浓厚的宗教色彩，不讲究排场。具体有以下两个方面的原因。

（1）由于特定的历史原因，使“以人文本”精神的广泛传播，以致他们比较崇尚自由恋爱、自主婚姻。

（2）由于价值观的原因，使他们不讲究排场，更重视结婚及婚礼的内涵。婚礼在教堂由神父主持，婚俗具有较浓的宗教色彩。

第四节　中西文化差异的表现及特点

本节将主要围绕“中西文化差异的表现及特点”来展开论述，在前面三节我们讲述了中西思维模式比较、中西价值观比较、中西生活习俗比较这三个方面的内容，下面为了大家能够对中西文化的差异性有更好的了解，更好的促进跨文化交流，我们将从中西文化差异的表现及中西文化差异的特点这两个方面来具体论述。

一、中西文化差异的表现

为了让大家对中西文化差异有更深入的了解，下面我们从物质与社会两个不同的维度对中西方文化差异进行具体的论述。

（一）物质维度下的中西方文化差异

需要我们注意的是，物质维度下的中西方文化差异主要体现在物质文化层面上。所谓物质文化是指为了满足人类生存和发展需要所创造的物质产品及其所表现的文化，其包括的内容主要有饮食、服饰、建筑、交通、生产工具以及乡村、城市等，这些都是文化的物质表现。下面我们重点从饮食、服饰和建筑三个角度来阐述中西方的物质文化差异。

1. 饮食文化差异。中国的饮食文化经历了几千年的历史发展，影响比较深远。而西方的一些国家一度沦为殖民地，长期有着的大量移民，他们在饮食上吸收了其他国家的文化习惯，在结合自己饮食习惯的基础上逐渐形成了具有自己特色的饮食文化体系。在中西方交融的过程中可发现，中西文化之间的差异造就了其饮食文化的差异。这种差异主要有两个：一是饮食观念；二是饮食内容。下面我们对这两个内容进行详细分析。

（1）饮食观念

中国人比较注重饮食的味道口感。人们在评价饮食时，主要从“色”“香”“味”三个角度出发。在中国人的饮食观念中，对“味”的追求很高，日本饮食专家木村春子对中国菜的味道有一番精辟的论述：“中国菜的调味，与其说多用单一的味，不如说更爱用复合的味；与其说喜欢突出某一种味，不如说更喜欢几种味相重叠后产生的味。中国菜的调味不只是使用几种佐料，而是在烹调过程中力图把鲜味、香味等味觉都调和在一起，从而创造出一种混合的味。”中国的这种饮食文化有着一定的历史渊源，具体来说，源于东方古老的阴阳五行学说。俗话说，民以食为天，食以味为先。所谓“五味调和百味香”。五味指“酸、苦、甘、辛、咸”。但是在追求“味”的过程中却不注重“营养”，这种饭菜味感的过分强调有着一定的片面性。

西方在饮食文化上比较注重营养均衡。西方人认为饮食的目的在于维系生命的健康，而不是享乐。他们特别讲究食物的营养成分。例如，蛋白质、脂肪、碳水化合物、维生素等的搭配是否均衡，这些营养成分能否被彻底吸收以及是否有副作用，卡路里的摄取量是否合适等。加热烹调会造成营养损失，那就半生不熟，甚至干脆生吃。在配菜上，毫无艺术可言，如牛排只有一种味道，鸡就是鸡，牛排就是牛排，纵然有搭配，那也是在盘中进行的。在滋味上各种原料互不相干，各是各的味，简单明了。可见，对于食物的色、香、味，他们并没有太多追求。

（2）饮食内容

中国传统饮食习俗主要以植物性食料为主，原因是中国自古以来就是农业大国，加之人口比例大以及其他多种原因。主食是五谷，即稻、黍、稷、麦、菽等以及马铃薯、山药、芋头等薯类作物。南北方在主食上也是有区别的，北方的人们以面条和馒头为主食，南方的人们以米饭为主食，通常多食“素菜”。传统上中国人的辅食是蔬菜，外加少量肉食。据西方植物学者的调查，中国人吃的蔬菜有600多种，是西方人的6倍之多。从原始农业时期，中国人就开始种植蔬菜．现在的蔬菜品种数以百计。在副食中，肉类副食主要来源于马、牛、羊、狗、猪、鸡等六畜。古代人是很少吃肉的，这一点可从一些文献记载上看出，如《孟子·梁惠王上》：“鸡豚狗彘之畜，无失其时，七十者可以食肉矣。”现在，随着人们经济生活水平的提高，肉在中国人的餐桌上早已不稀罕。此外，以热食、熟食为主也是中国人饮食内容中的一大特点。这和中国文明开化较早和烹调技术的发达有关。

西方人传统饮食习俗主要以荤食为主。原因是在传统上以渔猎、养殖为主，以采摘、种植为辅，荤食较多，吃、穿、用都取之于动物。西方有较为发达的食品工业，如罐头、快餐等。在饮食结构上以动物类的品种居多，主要是鸡肉、牛肉、羊肉和鱼等，可以说，肉食在其饮食结构中的比例一直都很高。近代，西方人的种植业比例一直在增加，但是与中国人比起来，肉食在其饮食中的比例仍然很高。另外，在西方人的饮食中，冷食、凉菜、冷色拼盘、色拉、冷饮等都是其最爱。这一点与中国的饮食有很大的不同。

2. 服饰文化差异。服饰是一种无声的文化，是物质文化的重要组成部分。在古代，中国的女士服装多为平面裁剪的袍衣，女性体态和曲线在衣服的掩饰下隐约显露出来，能够引发人的丰富联想。而西方人比较崇尚人体美，服装讲究立体造型，具有很强的人体表现能力。实质上，中西方服饰文化存在差异的原因在于中西的观念上。同时，服饰特点也能对一个民族深厚的文化底蕴有所反映。下面我们通过分析中西方服饰文化的不同特点．来体会中国服饰文化中所包含的精神。

（1）仪表的修饰与人体美的显露

中国是一个礼仪大国，穿着的服饰通常是为了表现礼仪的观念。例如，中国古代服饰始终贯穿着“分尊卑，别上下”的主题。从冕旒、黄袍、龙袍、乌纱帽、补服到布衣，服饰成了分等级的图解。几千年来分等级的服饰原则造就了中国人高度自觉的服饰角色心态。文化水平高一些的人追求的是服饰的大方得体，不失身份，很强烈地表现了服饰的礼仪观念。直至今天，人们仍然深受这种传统的服饰观念影响。在西方文化中，其对于服饰的观念与中国有明显的不同。具体来说，西方有崇尚人体的传统，要求服饰能更好地表现和反映人体美。也就是说，在西方人看来，服饰必须为人体服务，通过服饰要能使人体显长掩短，装点得更美：这一文化观念的形成有其复杂的历史与地理原因。众所周知，在西洋文化的历史中，受古希腊和古罗马文化中的雕塑、绘画等造型艺术和审美观的影响很大。再加上地中海沿岸温暖优越的自然条件，人们的服装没有必要紧裹人体。

（2）自我调节与自我表现

人品位格调的外在表现主要是体现在服饰上。古人讲“君子以玉比德”，在中国人的文化观念中，正统、淡雅的服饰标志着成熟、端庄和修养，娇艳、裸露的服饰代表着轻浮、浅薄的品格等。从外表来判断一个人虽说有些偏颇，但很多人都会比较自觉地认同这种观念。此外，中国人对服饰一般抱着“自尊”“自爱”“内省”的心理。因此，其对服饰的穿着比较注重自我调节，经常在新旧文化观念冲突的调节与外界观感的反省中寻求和谐。在服饰的搭配上讲究协调，注重含蓄，经常会克制自己穿着个性的外露，以免招致别人的非议而增加心理负担。在这种文化观念的影响之下，很多中国人在服饰上缺乏个性。而西方人在服饰穿着上以个人为本位，注重自我表现。他们在服饰穿着上总是为了自己，非常讲究穿着个性的表露。在他们看来，服饰必须讲究个性，这样才能显示自己在社会中的存在，以及自身存在的社会价值。所以在穿着上，西方人敢于标新立异。但西方的这种文化观念也存在着易走极端的弊端。例如，有些人为了追新求异，故意做出种种破坏性的“创新”，如流浪汉式服装、补丁装，这些不值得我们借鉴。

（二）社会维度下的中西方文化差异

众所周知，社会制度是中西方文化差异的主要体现，特别是社会政治制度。任何一个民族文化的形成和发展，都会受到社会政治制度的影响。中国传统文化的形成与中国独特的社会政治结构有极大关系。中国古代的社会政治结构主要有以下两个特点。

（1）完备的宗法制度。

（2）严密的专制制度。

需要我们注意的是，古代的这一社会政治结构不仅对中国的文化有着很深的影响，而且也是文化的一种体现。下面我们对古代两种政治制度及其所体现的文化特点做详细的阐述。

1. 中国古代宗法制度及其文化特点。宗法是中国的古代制度文化中重要的构成方式，它由氏族社会的父系家长制演变而来，形成于商代，确立于西周。该法是以家族为中心，根据血缘远近明确尊卑亲疏的一种等级制度。其特点是宗族组织和国家组织合二为一，宗法等级和政治等级完全一致。其主要内容包括嫡长子继承制、封邦建国制和宗庙祭祀制等。纵观整个中国历史，宗法制度对中国文化有着巨大的影响。具体来说，宗法制度导致了“家国同构”的格局。家与国的组织系统与权力配置都是严格的父系家长制。所谓“忠孝相通”“求忠臣于孝子之门”，都是宗法制度长期遗存的结果。以血缘纽带联系起来的宗法制度在中国历史上长期存在，虽然战争频繁，家族的动荡变化比较大，但超姓氏的家族本身却依然在发展：在发展的过程中，一些家族迅速发展，在政治、经济等各方面都拥有较大的实力。随着家族宗法制度的发展，家谱和族谱的编写逐渐受到重视，以致编写家谱成了一门学问。宗法制度增强了家族和集体的凝聚力意识，家族内主次分明，尊卑有序。这样对于社会秩序的稳定非常有利。同时，由宗法制度而推衍开来的封建等级制度汇集了封建文化的哲学、宗教、文学和包括意识形态在内的一切精神领域的文化范畴。其中，传统礼教是中国传统文化的主要代表，由于全力维护、巩固，这一等级制度已成为历经两千年来中国各朝各代封建统治者所尊崇的核心文化。传统礼教文化使中华民族凝聚力强劲，注重道德修养，以谦和忍耐、温良恭俭为美德，比较重视人与人之间的温情，尊老爱幼、夫妻相敬、兄弟相亲等，这些文化使中国逐渐成为举世闻名的礼仪之邦。但也有一些缺点，如形成了“非我族类，其心必异”的盲目排的心理。导致我国长期的封闭与落后，成为中国文化健康发展的障碍。

2. 中国古代专制制度及其文化特点。秦灭六国后建立了中央集权的君主专制国家。为了维护统治，秦始皇采取了一系列措施，如全权占有和控制整个国家政权、军权、财权，统一文字、焚书坑儒、禁止私学、实行文化专制等，最终形成了政治、军事、财政、文化等各方面集权的专制主义统来说：这一体系延续了两千余年，对中国的文化产生了重要影响。具体来说，专制主义的文化一统有利于强化民族文化的独立性与连贯性，造就了民族心理上的文化认同，利于抵制异质文化的冲击。但专制制度对中国的文化也有着很大的负面影响。专制观念对中国的管理层、家庭等有着极为广泛的影响。比如在一个家族中，族长有着至高无上的权力；在一个家庭中，家长有着独裁一切的权力。这样的专制统治数千年来使国人逐渐形成了迷信权威的思想意识，具有浓重的服从心理，长期下来容易造成个人自信心的缺乏，压抑了主体精神，使异端思想难以产生，从而形成文化惰性，不利于文化的变革与创新。

由上可知，中国附带宗法与专制的结合，在文化上反映为伦理政治化和政治伦理化。其中的政治伦理化，就是在社会治理与调控方面坚持德治主义。在古代的很多人看来，人自身具有自我觉悟、自我行善的可能性，人的行为可以通过教化与感化矫正，因此要想实现人的行为调节可以通过伦理的形式。对于德治主义，我们可以把其理解为政治的基础和根本。如果从这个角度看，中国传统政治就是一种伦理政治，在管理与调控时主要是依赖君主与官吏个人的道德品质与人格。治理民众时所采取的手段也是道德感化。可见，德治的实质是人治。从前面宗法制度和专制制度的相关论述中，我们可了解到，古代社会很大程度上都是人治。在人治社会里，最高统治者既是道德楷模，也是法律制订者。因此，在中国就比较缺乏法治主义传统，中国古代的法律在当时也仅被看作是“刑”而非“法”。人治无论是在立法还是执法时都具有很大的主观性、灵活性与情理性。在新时期，中国已经逐步进入正轨的法制社会，宗法、专制文化已经被瓦解，但传统社会文化的迹象依然有所保留。

在西方实行的是法治文化，这一文化可以追溯到历史根源。具体来说，西方人通常信仰基督教，该教本身就有契约观念的传统。再加上长期的市场经济实践，生活与生产流动性比较大，要想对人们的行为进行规范与调节，只能依靠一种普遍有效的客观意志。因此，契约精神成为必然要求。另外，在西方的古代社会，如古希腊、罗马，其基本上是奴隶主贵族民主制，而民主制必然需要法治来辅助才可得到保证。从以上论述中可看到，法治是西方社会的必然。在法治社会里，法律对社会和人起着制约、规范调解与维护的作用。可以说，在西方政治生活、社会行为中，法律居于核心地位，并且有至上的权威。在这样的法制社会里，国家权力、政治统治不是指个人，而是指法律。在实施统治时，所依据的是客观化的法规而不是主观意志的专断。政治权力也属于法律控制的范围。在执法时强调法律面前人人平等，以法律为衡量一切的准绳。

综上所述，我们会发现西方与中国的社会历史文化都各具特点，也都有其劣根性。纵观西方的社会历史文化，可以说西方人比较强调外在强制性的法律作用，甚至是唯法制主义，很少或根本没有中国文化所提倡的启发人们内在自觉的德治文化。我们不能说某一种文化是绝对正确的，只是如果仅仅讲究法治，很容易使人陷入一己之私的斤斤计较中。这与中国的德治文化比起来，不如其更加人性化。而如果仅讲究德治而忽视法治文化，也容易使人陷入主观性的不公平漩涡中。

二、中西文化差异的特点

为了大家对中西文化差异的特点有更好的理解，下面我们将从善与恶初始性差异、静与动的观念性差异、过去与未来的取向差异、精神和现实的取向差异、集体与个体的取向差异这五个方面进行具体论述。

（一）善与恶初始性差异

《三字经》开篇云，“人之初，性本善”，中国文化认为，人的本性一开始是善良的。孟子就是“性善说”的倡导者。而西方文化却认为人的本性一开始就是邪恶的。“性恶论”主要以奥古斯丁、路德、加尔文的观点为代表，把人的欲望说成人的本性，认为人的本性是邪恶的，必须加以限制和改造。“性恶论”思想对西方的政治、经济、法治产生了比较深远的影响。

（二）静与动的观念性差异

中国文化属于静态文化，主张求静，求稳，求和谐，注重情义，强调在和谐中竞争。例如，“得饶人处且饶人，不可赶尽杀绝”等观念，在语言表达方面体现为含蓄、隐晦。西方文化属于动态文化，主张求动、求变，注重法则、规矩，强调在竞争中和谐。例如，“First come，first served.”等观念，在语言表达方面体现为坦率、直白。

（三）过去与未来的取向差异

中国文化强调历史和经验，注重过去性倾向。例如，中国人对一个人的评价往往以其过往的业绩作为评判标准。中国人历来尊重老人，敬老尚老，许多人也爱以老自居，或倚老卖老，另外，还有“家有一老，如有一宝”等说法，很多词汇如“老练”“老谋深算”（精明干练，考虑问题周密）“郭老”（对年老位尊、传授学术之人的尊称，也泛称那些在文化、技艺传授方面有造诣的人）等都是这一倾向的表现。

西方文化强调潜力，注重未来性倾向。例如，西方人对一个人的评价往往以其现今的才干作为评判标准；西方人一般都忌讳说其老（old）了，哪怕已有七八十岁了。

（四）精神和现实的取向差异

中国文化较物质层面而言，对精神方面特别重视，如忠孝节义、厚德载物、诚信谦让等，如中国自古就有诸如“古之立大事者，不惟有超世之才，亦必有坚忍不拔之志”“吃得苦中苦，方为人上人”等以及尊人卑己的社交原则等。而西方文化对物质和现实层面更为关注，如重视现世生活的快乐，信奉及时行乐，讲究平等的社交原则等。

（五）集体与个体的取向差异

中国文化对集体的力量比较看重。例如，“人心齐，泰山移”“三个臭皮匠，合成一个诸葛亮”等。而西方文化崇尚个性解放，对个体的独立比较看重。如西方社会在教育方面注重培养学生个体的兴趣和能力。

总之，只有对中西文化的差异性有了足够的了解，才能更好地进行跨文化交流。

第三章　英汉语言对比

众所周知，英汉语言之间存在异同。本章主要围绕英汉语言各个层面的差异对比展开具体论述，内容包括英汉语音对比、英汉词汇对比、英汉语法对比、英汉句子对比以及英汉语篇对比。

第一节　英汉语音对比

在交际中，语言是沟通的重要桥梁，而语音则是了解“听”“说”双方的重要渠道。掌握一门语言，往往要了解语音的特点。正确的外语发音，不仅有助于本意的表达，同时也避免了“词不达意”误会的产生以及浪费过多口水。不同的语言，其构造特点与该民族语音特点密切相关。了解了该语言的语音特点，不仅能有效提高语言水平，对于理解该种语言的历史发展进程也会有很大帮助。

一、汉英双语中语音要素的价值

（一）音高对汉语的影响

音高、音长、音强、音质是语音的四要素，其中，音质是最受重视的一块。在汉英两种语言中，其他三要素的价值就各有高低了。对音高变化极为敏感的汉语是典型的声调语言。在说汉语的人心目中语音的相对音高尤其重要。这是因为在汉语中不同的音高具有区别作用。在汉语中，一个字的音高变化可以用来区别不同的词汇意义，不同的音高模式也可以组成语调，来表示不同的语法意义或说话人的态度情感。语调是声调和句调的复合体，要受到声调的制约，顺应语调的需要，声调会在调值调域上稍作抑扬。因此，不同的语流，相同的字可能会有不同的语调。汉语中有很多同音字，中国人正是根据音高变化以及上下文来判断汉字的意义。

汉语的声调极为重要，甚至有时候掌握声调的准确比声韵母的正确发音更为重要。通过声调，我们很容易就能听懂“上海普通话”，而这种语言是完全不分平翘舌音的，在实际交流中，z、c、s与zh、ch、sh给听的人造成认知障碍。但如果一个外国人每个单字都练得字正腔圆，仅仅因为声调或语调的不标准，就有可能造成中国人的误解，尤其是那种没有经验的人。而这恰恰证明了在信息传递过程中，声调比声韵母具有更高的清晰度和抗干扰能力，掌握准确的声调语调，不同地域方言的不足，嘈杂环境中信息的准确传递以及发音者语言水平不足造成的声韵母不清晰或不准确，都可以得到有效弥补，这样的结果令外国学习者无法理解，甚至感到沮丧。

（二）音强对英语的影响

英语的单词不具有区别性，音高变化只表现在语调上，属于语调语言，对于以英语为主要语言的人来说，音高并不重要。英语中的重音，具有区别词义或词性的功能，可以和汉语的声调一样起到辨义功能。因此，英语也被称为是一种重音语言。虽然重音在英语表达中具有非凡地位，但是与汉语相比，英语更重视音强的变化，表现出的结果就是对音强更加敏感。也就是说，在汉语中，音高变化对于理解相当重要，而英语中，音强则是理解的关键。

二、英汉超音段音位对比

音段结构（segmental structure）和超音段结构（suprasegmental structure）共同组成了语言结构。音段结构的最小单位是音段音位（segmental phonemes），即元音和辅音；超音段结构，即语调系统，生成语言的超音段音位（suprasegmental phonemes），主要包括重音、声调、语调和语音的连接方式等。下面我们主要围绕汉语的声调与英语的语调展开进行对比分析。

音高、音强和音长是语言中常用的超音段的表达手段，其中使用最为广泛，也最为复杂的是音高。音高变化的物质形式表现为声带振动的基频变化。这种变化在语言中的运动统称为旋律（melody）。如果旋律以音节或词作为其基本载体单位，那么这种旋律称为“声调”（tone）；如果以短语或小句作为其基本载体单位，则这种旋律称为“语调”（intonation）。

汉语是一种典型的声调语言，但声调和声母、韵母存在本质上的区别，声母和韵母是组成音节的线性语音单位，而声调是附在声韵母之上的音节的上加成素，具有超音段的性质。

而英语是一种语调语言。在英语的句子中，元辅音是线性的语音单位，而语调则是句子的上加成素，也具有超音段的性质。当然，汉语也有语调，汉语的音高变化主要体现在字和句子两个平面上，利用音高的起伏升降，我们不仅能清楚区别词汇意义，还可以表示语法意义以及说话人的情感态度等。汉语的声调和语调是两种并存的音高体系，它们相辅相成，又互相制约。一方面，字调叠加在语调之上，每个句子的语调中都伴随着升降起伏的字调，赵元任先生将之比喻为小波浪跨在大波浪上，认为其结果是两种音高变化的代数和。另一方面，句末的字调又要受语调的影响，在语调的支配下调域发声不同变化。所以说，汉语的语调是声调与语调的复合体，并不独立于声调之外，语调要利用声调来实现，而声调也要顺应语调的需要在调值和调域上稍作抑扬改变。但不管怎样，声调是制约汉语音高变化与基频模式结构的首要因素，其次才是语调。因此，虽然汉语有语调，但不能改变汉语是一种声调语言的事实。

英语也不是单纯的语调语言，它也有声调，可以将其分为两大类：一是静调（平调），即声调维持一个高度，可分为高平和低平两种。二是动调，即声调由一个高度滑向另一个高度，包含降调、升调和降升调三种。但是汉语的单音节有固定的声调，而英语不同，各音节的声调的高低取决于整个语调群的特征及其所属单词在语调群中所处的位置，其声调不能区别具体意义，但可以表达相应情感。在英语音高变化及基频模式结构中起决定作用的还是语调，其次是重音。固定的音节声调对说英语的人来说是非常难于掌握的，更不用说处理好字调与语调的关系了。当汉语句末的字调与英语语调类型相符时，外国学生才能较好理解，表达正确。例如：

你爱↗玩，他爱↘唱。

You like↗playing，he likes↘singing.

但如果汉语句末的字调与英语语调类型型不符或相反，他们就会混淆或犯错。例如：

You like↗singing，he likes↘playing.

后一句会被他们说成：“你爱唱，他爱玩。”

在一个英语句子中，单词的升降起伏比较自由，只受整体音高模式的影响，而汉语语句中单音节的音高变化相对固定而频繁，语调一般只是在每个句末字调的基础上稍作调值和调域的调整。

在英语学习过程中，中国学生很难掌握整体规律，在单词的音高变化上“用力过猛”，较难掌握语句的音高变化。但在学习汉语的过程中，外国学生比较头疼的是无法掌握汉语语句中一连串单音节的连续音高变化，因为在他们的语流中，邻近音节的调型往往是平行的，但汉语因为有声调的原因有所不同。

（一）调型与调值

调型即声调的类型，具体是指声调高低、升降的变化模式。在汉语普通话中，每一个汉字都有其固定的声调，共4个具有区别意义的声调，也就是所谓的平调、升调、曲折调和降调。而英语不是这样，它的单词没有语调，之所以会有语调，主要是根据不同的句型，这样，我们就可以讲英语的语调分为7中调型，包含一个平调、两个升调、两个曲折调和两个降调。从赵元任先生设计的“五度标调法”来看，汉语的声调和英语句末语调中相同调型的调值差异如下。

1. 平调

平调即汉语声调中的第一声，即阴平是一个高平调，调值为55。而在英语句末的持平语调中，则以中平调为主，调值为44。受汉语阴平的影响，中国人说英语时常常用高平调去念成段的英语，显得过于高亢、激动，失去了英语原有的韵味，而外国人学汉语第一声时，则往往起调不够高，致使在语流中难以与阳平和去声区分，达不到抑扬顿挫的那种效果。或者是音调不稳，不是抖成了213，就是下滑成了53甚至51，如图3-1-1所示。

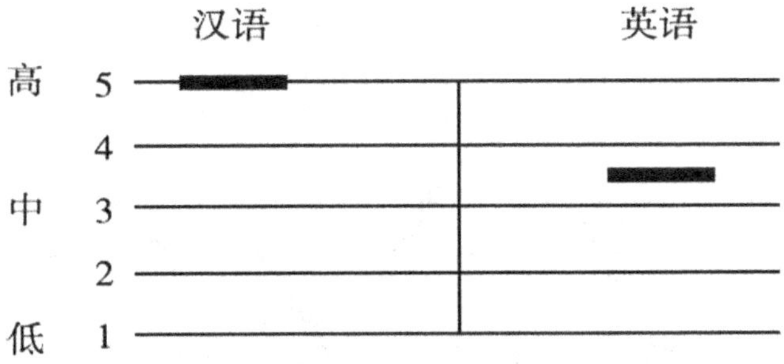

图3-1-1　英汉平调差异

2. 升调

汉语的第二声，即阳平是一个高升调，调值为35。这样的声调在英语中，通常为表现疑问句，分低升和高升两种，起点都比阳平低，而且以低升调更为多见。在英语学习中，中国学生倾向于把嗓音提得很高，显得过于惊讶或唐突，不符合英语对语调的要求。而学习汉语的外国学生的普遍错误是起点过低，终点又不够高。调型掌握不好的，容易读成低降调21，虽然调型基本正确的，但又似乎不习惯直接上扬，如果继续往下抖一抖，直接就成了曲折调324，如图3-1-2所示。

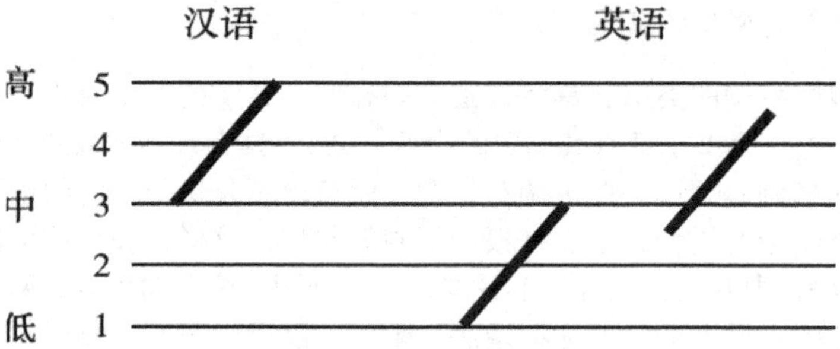

图3-1-2 英汉升调差异

3. 曲折调

汉语中的第三声，即先下降后上扬的一个声调，调值为214。这样的音调在英语中通常有两种，即降升和升降两种。其中的降升调和上声比起来，起点比上声高，终点比上声低，降调部分的音幅比上声宽，升调部分的音幅又比上声窄。在发英语降升调时，中国学生往往出现这样的情况，那就是降调部分起音太低，而升调部分的终端音调又太高，听上去很不自然。而学习汉语中，外国学生则表现为起调太高，但又低不下去，最终也发音非常别扭，不正常，发成324、435、535的都有。所以，阳平和上声成为常常混淆英美学生学习的重灾区，如图3-1-3所示。

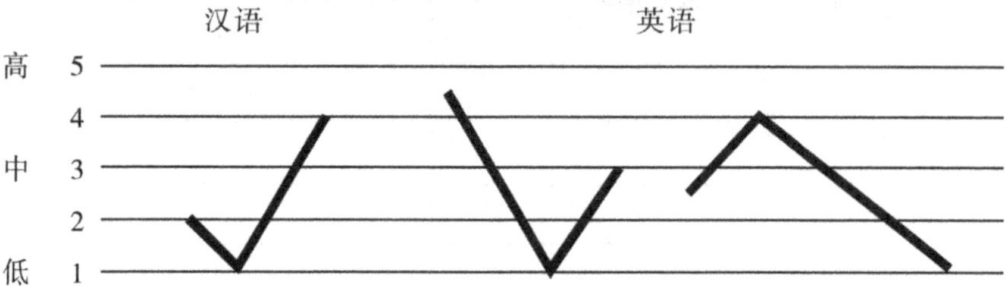

图3-1-3　英汉曲折调差异

4. 降调

降调是汉语的第四声，即去声是一个高降（全降）调，调值为51。在英语中，有两种降调，分别是高降和低降。高降调起点稍低，调值与去声比较接近。低降调的调值约为31。在英语中，高降调被看作是一种比较轻盈活泼的调子，在日程生活中较为常见。而使用低降调主要表现平静、温和，甚至漠然。在学英语时，中国学生往往在句末一律用上高降调，给人的感觉是语言和情绪不符，让人感到诧异。而在汉语中，外国学生则容易犯起点偏低、终点过高的毛病，导致过于平缓，落差不够，给人的感觉与阴平无异，如图3-1-4所示。

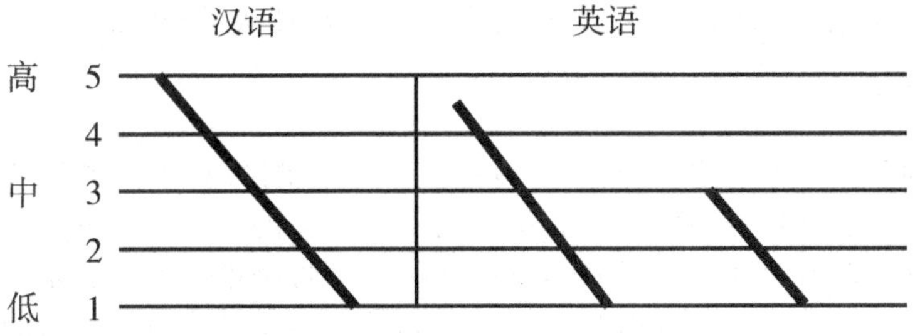

图3-1-4　英汉降调差异

（二）汉语声调的语言功能

作为一种声调语言，汉语的声调与英语相比，绝不仅仅是调型调值上的区别，更重要的是它们在语言功能上的差异。汉语声调的语言功能主要有以下四个方面。

1. 辨义功能

虽然汉语的音节结构与英语相比相对简单，音节类型和音节数目都没有英语多。但加上音调之后，使音节的数目大大增加，所以在扩大汉语的基本词汇量、增加语言的区别性特征上，音调不可忽视。汉语声调能区别词义，很多音节，虽然声韵母相同，但是通过不同的声调，其基本含义可能就会发生本质的区别。比如“买”和“卖”“母亲”和“木琴”“银行”和“引航”，等等。

2. 构形功能

声调的构形功能指的是在语言结构中，声调具有区别语法意义的功能，具体的表现就是声调能够区分词性。王力先生在《汉语史稿》中指出：“古汉语的形态表现在声调的变化上面。同一个词，由于声调的不同，就具有不同的词汇意义和语法意义。主要是靠去声来和其他声调对立……就动词来看，声调的变化引起词性的变化特别明显，凡名词和形容词转化为动词，则动词念去声；凡动词转化为名词，则名词念去声。总之，转化出来的一般都变为去声。”例如：“以衣衣我，以食食我”中，第一个“衣”和“食”分别作为名词，分别念作阴平和阳平；而后的“衣”和“食”用作动词，声调就变为去声。

在现代汉语中，利用去声区别词性的现象依然存在，比如：和气（形容词）——附和（动词），好心（形容词）——好客（动词），钉子（名词）——钉钉子（动词），磨刀（动词）——磨盘（名词），担负（动词）——一担米（量词），后一个词中的加点字都变成了去声。

3. 修辞功能

声调的高低起伏、抑扬顿挫，就体现出了音调的旋律，语言节律的有效组织离不开这种旋律的合理利用，增强了语言的音乐性。中国古代的文学作品就存在这种旋律，尤其是诗词歌赋，不管是古体诗，还是唐诗、宋词、元曲都讲究声音的和谐与声调的协调配合，尤其是唐代以后的近体诗，为了达到声调的抑扬顿挫，严格要求押韵和平仄协调。基本要求是要做到平仄相间。汉语声调在节拍的影响下，平仄格律成为一种必然的排列组合。平声（阴平、阳平）和仄声（上、去、入声）两者交替出现，不仅避免了听觉上的单调乏味，而且听起来和谐悦耳、朗朗上口，不仅使人身心愉悦，而且使诗歌具有了音乐之美。现代汉语里，很多四字短语也秉承了这种平仄格律，注意平仄的交替对立。在汉语的并列式四字格中，存在相当明显的平起仄收的趋势，如翻江倒海、冰天雪地、标新立异、风和日丽、龙飞凤舞、奇形怪状、残兵败将、流光溢彩等词。

4. 分界功能

由于汉语的声调是附在整个音节之上的，起到了束缚音节的作用，使之内部紧缩，起到了隔离外部与其他音节的作用。这种情况在其他语言中很难实现。又因为其本质是音高变化，而这又取决于声带振动的周期性基本频率的变化。所以，音节的声调只能表现在元音、浊辅音和鼻音这些声带振动的音上。而在汉语中，元音占优势，虽然多以辅音开头，但所有的音节都是以元音或者鼻辅音结尾的，单个辅音与元音的结合异常紧密，所占音长空间不明显，在音节内部辅音的作用也不突出。因此，可以说声调几乎笼罩了汉语从起点到终点的每个音节，在读音中，两者的长度几乎相等。因此，在连贯的语流中，音节的界限便常常同声调的分界线相一致，声调的改变，也就意味着音节的改变。

（三）英语语调的语言功能

而在英语中，句子的结构、说话人的心理和情感、态度直接影响着语调的节律与声调。不论是否是声调语言，语调现象都是共有的。但汉语由于有声调在音韵系统中发挥主要作用，语调与声调叠加，所以语调的作用不太突出。英语的单词因为没有固定的声调，为了突出情感，所以必须要在句子中突出声调，因此，英语的语调和汉语的声调一样，具有举足轻重的作用。

狭义的语调是指句子的音高变化，但广义的语调则是口头语言的一个组成部分。在信息的传递过程中，除了信息的内容本身，表明自己所持的态度、情感或者信息重点有时候也必不可少，甚至有时候还要表达某些“言外之意”。而准确表达这些“侧面”信息的手段，则主要是通过语调、重音、停顿等超音段语音要素。这些要素形成了一个广义的语调复合体，彼此之间依赖、互相渗透。在某个语句中，这个复合体中的语调调型变化对于信息的传递起主导作用，而到了另一个语句中，可能就是这个复合体中的重音或停顿上升为主要因素了。因此，研究现代语调，不仅仅是关注那些常规特点与结构，挖掘语调与句法、语义的关系和语调与人的心理的关系在当代社会也极为重要。

1. 聚焦功能

英语单词因为没有语调，所以语调组是基本的语调单位。一个语调组中由多个单词组成，起基调作用的那个词的重读音节，就是“调核”（nucleus）。调核以其最大的音高变化影响话语的意义和语调组的结构，是语调组中最重要的部分。在讲话的过程中，为了提示想要传递信息的核心部分。调核的突出就极为重要，因此调核的位置具有标示语句信息焦点的聚焦功能。在语句中，调核的位置不同，相同的句子可能表达不同的意思。在口头言语中，句子的信息编排往往遵循先旧后新的原则，先说已知信息，再引出新信息，信息焦点往往靠近句末。所以，“常规调核”（normal nucleus）指的就是落在语句末尾成分上的调核，这类调核所标示的信息焦点就是“常规焦点”（normal focus）。无论在英语还是汉语中，最为常见的就是尾焦点，它暗示听话人语句中没有需要特别强调的部分，因此，调核就落在语调组或语句的最后一个实词上。

2. 语法功能

在语法中，语调也很重要，与英语中的时态、语气和不同类型的从句相比，语调的地位也不容忽视。首先，不同的调核类型可以标示不同的句子类型。例如：“That’s a good idea”，如果念降调，表示是个陈述句，倘若念升调，瞬间就变成了疑问句，如果用降升调，那就表明话外有话、言不由衷了。再如，“Don’t you love rock concert”，如果将rock作为调核，念升调表示一般的问句：“你不喜欢摇滚音乐吗？”如果念降调，就变成一个感叹句了：“你怎能不喜欢摇滚音乐！”在普通的语气中，除了一般疑问句使用升调外，其余如陈述句、特殊疑问句、祈使句、感叹句均念作降调。此外，划分语调组，确定调核位置对于区别语法结构，消除歧义现象也有很大帮助。

3. 辨义功能

声调在汉语中地位极其重要，不仅能辨别字义，同时还能辨别词义，但英语的语调没有辨义功能，只是在不同程度上影响句子所表达的意思。英语语调的辨义功能主要表现在一些否定句、疑问句、定语从句和少数其他句子中。

（1）否定句

在英语否定句中，否定词有时和它们所要否定的词项相距很远，对确定其否定范围较为不利，而语音手段能有效弥补这项不足，突出了语音手段的重要性。降升调在否定句中有重要作用。一般而言，降调表示“明确”“肯定”，而降升调则是把降调的“断言、肯定”的意义与升调的“从属、不完整”的意义结合在一起，表达的情绪主要是对比、保留、暗示、反驳、告诫等。一般表示全部否定的是降调，而表示部分否定的是降升调则。

（2）疑问句

下面这组疑问句由于调型的不同而造成截然不同的语义：

‘Can you ‘spare me few，minutes?（可以打扰你几分钟吗？）

‘Can you spare me few minutes?（对不起，我可以离开几分钟吗？）

第二节　英汉词汇对比

词位（lexeme）是词汇的基本单位。一种语言的词汇是该语言中词位的总和。词位可分为词词位（word-lexeme）和短语词位（phrasal lexeme）两种，前者一般称为词，后者是指词语等一些作用相当于词的语言单位。

词位是一个抽象概念，不是实际话语中切分出来的单位。它总是以具体的词形运用到话语中去。词位作为词项列入词典的形式称为引用形式（citation form），通常词位的引用形式被用来表示词位。在汉语中，词位引用形式和词形一般没有什么区别，例如，词典中列出的“说”这一动词运用到实际活动中也是“说”这个形式出现的，没有所谓限定形式和非限定形式。但是英语则不然，如动词词位SPEAK有5种词形speaks，spoke，speak，speaking，spoken。前两种属限定形式，后两种属非限定形式，第三种既属限定形式又属非限定形式，它还有一种非限定形式to speak。

一、英汉词汇总特征对比

英国学者克鲁斯（Cruse）认为，许多语言中的词往往具有两方面的总特征，具体如下。

（1）词是句子中位置可以移动的最小单位。

（2）词是在其组成成分之间不容插入其他成分的最大语言单位。

对于英语而言，词的第一个特征比较明显，如John saw Bill.；Bill saw John.；Bill. John saw. 而汉语不那么明显，主要表现在以下几个方面。

（1）在书写形式上汉语中的词并不像英语那样在句中分开书写，因而没有明显的书写形式或标志。

（2）汉语中某些语素可以位置互换而组成不同的词，如“算盘”与“盘算”“平生”与“生平”等等。汉语的词比较符合第二个特征，当然，英语的词也不例外，像“小说”“喜欢”这样的词不容在其间插入任何成分。汉语词在内部结构上的这种不可分离性也体现在语义上的整体性。比如，“小说”是指一种特定体裁的文学作品，而不是“小”与“说”的语义的简单相加。即使在“喜欢”这样一个联合式复合词中，整个词在语义上也不完全是“喜”与“欢”的简单相加，而是具有比较具体的含义。

二、英汉构词法对比

（一）重叠构词法对比

重叠构词法在汉语中是能产型的，名词、动词、形容词、量词等不同词类的词中都有一部分可以重叠。英语则很少利用重叠构词法。该方法是使用一个单音节的词汇材料重复出现并先后连接起来，表不一种不同于原词汇材料的新义，造成新词。这新义可分为5类。虽然英语很少利用重叠构词法，但是其中有两类是和英语的加缀派生法有着异曲同工之妙的。第一类，意义的新在于带上了口语色彩。出现这类新义的词大多是可用于面称及旁称的亲属称谓。英语中能起类似作用的表人的后缀有-ie和-y，例如：

妈（mum）→妈妈（mummy）

爹（dad）→爹爹（daddy）

姑（aunt）→姑姑（auntie）

从形式方面看，汉语造成叠音形式，英语由单音节变成双音节，都是由于要适应词形双音化的习惯心理，容易上口。第二类新在于添加了“多”之意，英语中能起类似作用的后缀是-s，例如：星（star）→星星（stars）本（book）→本本（books）套（set）→套套（sets）

（二）复合构词法对比

一般说来，英汉复合词的构词体系，按其词类不同，都有以下几种分类。

（1）复合名词。

（2）复合形容词。

（3）复合动词。

（4）复合副词。

但英语中还有复合代词，这些复合代词相当于汉语中的复合名词或名词词组，例如：

himself 他自己

somebody 某人

anything 任何事情

everything 凡事

而有的可用一个汉语短语来表达，例如，nothing表示什么东西也没有或没有什么。

此外，英语还有复合介词，有些相当于汉语的一个短语，例如：

inside 在……内

outside 在……外

有些相当于汉语的一个复合词，例如：

into 进入……

out of 出自

英语中的介词是弱化了的动词，其词化程度相对于汉语而言通常较高。

从词与词之间的关系看，英汉复合名词都有以下几种类型：

（1）偏正。

（2）动宾。

（3）主谓。

但汉语中还有联合型和补充型。汉语的联合型和补充型复合词绝大多数与英语的单纯词或派生词相对应，这是因为英语的词缀丰富。例如：

令人厌恶 odious / abominable / disgusting

矛盾 contradiction / contradictory

延长 lengthen / prolonging / extend

人口 population

其他3种类型的复合词，汉语的也不一定能在英语中找到对应的复合词，有些只能是或可以是单纯词或派生词，这是英汉的差异，原因是英语的语义包容量较大。这里值得一提的是，英语中有一种结合型的复合名词与汉语中偏正型复合名词相类似。结合型仅仅是形态结合词，它的结合是用一个起连接作用的中缀来把两个或两个以上的词或词根紧紧地连缀在一起。

（1）用辅音字母-s-来连缀的，例如：

helmsman 舵手

salesman 售货员

draftsman 制图员

sportsman 运动员

townspeople 都市居民

以上是名词所有格部分消失后形成的结构。

（2）用元音字母-o-来连缀的，例如：

speedometer 速度计

thermocouple 热电耦

（3）用元音字母-i-来连缀的，例如：

curviline 曲线

tubiform 管状

（三）缩略构词法对比

汉语也有缩略构词法，缩略而成的词如“北大”两个成分（两个字）之间很难说存在着词与词的某种组合关联。只是由于英汉语形态不同他们具体缩略的方式和结果不一样而已。汉语里的缩略词分双音节和三音节两类。双音节的只需保留固定语两个直接组成成分中每一个较有代表性的单音语素（或代表字），使它们连接起来，同时摒除所有其余的语素。第一个直接成分中取第一个语素的居多，第二个直接成分有的取第一个，有的取第二个，这是需要注意的。例如：

地下铁路→地铁

责任编辑→责编

科学研究→科研

电影评论→影评

高等学校→高校

三音节的缩略词全是名词。都有两个直接成分：其中一个是取自固定语中某个词（或语）的有代表性的单音语素（或代表字），另一个则包含两个语素——取自固定语中的一个词、两个词或多个词。例如：

科学技术→科技

亚洲运动会→亚运会

政治历史系→政史系

博士学位研究生→博士生

语言文字应用研究所→语用所

英语中的首字母缩略构词法与汉语的缩略构词法有些类似，共分为两种情况，一是首字母连写词，例如：

Voice of America→VOA

World Trade Organization→WTO

International Olympic Committee→IOC

International Monetary Fund→IMF

International Maritime Consultative Organization→IMCO

另一类是按拼音方法读音，叫首字母连写词，例如：

North Atlantic Treaty Organization—NATO

Strategic Arms Limitation Talks→SALT

对比的目的在于要明确英汉语中的缩略词有各自的方法和约定俗成的东西从而能正确翻译。这主要有以下两种情况。

（1）类似的缩略形式，但并不完全一样，如国际奥林匹克运动委员会→奥委会（International Olympic Committee→IOC）。

（2）空缺，如汉语的“科研”在英语中一般没有相应的缩略形式，而英语的VOA在汉语中还是被说成《美国之音》，不能说成“美音”[①]。

第三节　英汉语法对比

王德春指出，语言是音义结合的词汇和语法的体系。词汇是语言的建筑材料，语法是语言的组织规律，它们都是音义结合的。语音是语言的物质外壳，语义是语言的意义内容。在语音、词汇、语法、语义四者

① 何善芬. 英汉语言对比研究［M］.上海：上海外语教育出版社，2002.

当中，对语言具有区别作用的只有语音、词汇和语法；语义是语言共有的，不具有区别作用。语音、词汇和语法因语言而异，是区别语言差异的要素，其中以语法的区别性最为明显。语法最能体现语言的民族特点，因为语法是语言的组织规律，是本民族成员或语言社团成员共同遵守的语言习惯或约定俗成的规则，它的本体存在于本民族成员或语言社团成员的心理之中，它反映着本民族成员或语言社团成员的文化背景、民族心理、思维习惯和表达作用，同时也决定了它在语言对比中的重要地位。英汉两种语言决定了它在语言对比中的重要地位。英汉两种语言属于英汉两个不同的民族，它们有着不同的语音和词汇系统，但这些都是外在的东西，区别起来相对容易，就像英语民族的白皮肤、黄头发、蓝眼睛与汉语民族的黄皮肤、黑头发、黑眼睛一样。英汉语同样有着不同的语法系统，它们都是内在的规律，区别起来有一定的难度，就像英语民族内在的民族特性和汉语民族内在的民族特性难以让人察觉一样。但是，英语之所以是英语，汉语之所以是汉语，起本质区别作用的因素就是它们各自的语法系统。因此，在对英汉两种语言进行对比时，英汉语法对比的重要性一定要引起我们的重视。

语法的定义有广义和狭义两种，定义不同，其包括的内容就不相同。从广义而言，语法是语言的组织规律，它包括词法和句法两大部分，词法研究词的构成和功能，句法研究组词成句的规律。从狭义而言，语法是遣词造句的规则。

英语和汉语之间存在很大差异，因为二者分属不同的语系和语言类型。比较明显的差别是：英语有大量的形态，词法研究的内容丰富；汉语形态很少，甚至可以说没有严格意义上的形态，因而词法研究的内容有限。据此，英汉语法对比的重点不在词法而在句法。经过长期的研究与分析，我们对英汉语法对比的内容做出了总结，主要归纳为以下几个方面。

一、语法关系表达方式对比

语法关系的表达主要有三种方式，即形态、语序和虚词。对英语而言，这三种方式都扮演着重要的角色。汉语的情况不同，由于没有严格意义上的形态，语法关系主要由语序和虚词表达。因此，对比的重点可放在语序和虚词上，通过对它们进行对比，弄清它们在两种语言中表达语法关系时的不同地位和不同规律。

二、语法结构层次对比

所谓语法结构层次是语言的组织层次。对英汉语的语法结构层次进行对比，首先要确定它们的最小语法结构单位和它们的语法结构层次的级数，然后再就对应的语法结构单位逐一进行对比。对于英语的最小语法结构单位，语言学界观点一致，都认为是词素。而对于汉语的最小语法结构单位，语言学界意见分歧。字是汉语的最小语法结构单位，与英语的词素相对应。其原因在于以下两个方面。

（1）字是汉语中音义结合的最小单位，与英语的词素相同。

（2）字分自由字和黏附字，自由字直接构成单字词，黏附字与自由字结合构成双字或多字词，这种情况也与英语的自由词素和黏附词素的情况相同。

由此，我们不难看出，将词素和字分别确定为英语和汉语的最小语法结构单位，有利于在同一平面上对它们进行对比，同时也有利于对两种语言的构词方法进行对比。确定了最小的语法结构单位，英汉语的语法结构层次就不难确定，它们各分5级，其对应关系如下：

英语：词素　词　短语　分句　句子

汉语：字词　短语　分句　句子

有了这种对应关系，我们就可以分层次对它们进行对比研究，这样一来，便能够了解其结构特点与功能。

三、句型对比

句子是语法结构层次中最高一级的语法结构单位，是人们进行交际、表达思想的基本语言单位。语言中句子无穷无尽，千变万化，但分析起来可以归结为数量有限和结构固定的句型。这些句型是语言中句子总和的缩影，对它们进行分析研究可以了解语言的结构特点和造句规律。英汉语各有自己的句型系统，不少句型在一定程度上具有相似性或存有对应关系，对它们进行对比可以发现它们在结构特点、造句规律和语用功能上的同与异。句型对比的内容十分丰富，首先可以对基本句型进行对比。英语有7个基本句型，汉语除了有类似的7个基本句型以外，还有自己独具特色的基本句型。基本句型是句子结构的基本“格局”，是句子转换与扩大的基础。除开基本句型，英汉语中还有一些特殊的句型，如“存现句”“比较句”“被动句”“使动句”等，也值得我们进行深入的对比研究。

四、句子成分对比

英汉语的句子都包含“主语”“谓语”“宾语”“补语”“状语”和“定语”等主要成分，对它们进行对比，可以弄清它们在句法功能、表现形式和语义特点上的差异。

五、句类对比

英汉语中，句子可以从不同的角度进行分类。例如，英汉语的句子都可以从功能的角度分成“陈述句”“疑问句”“肯定句”“否定句”“感叹句”和“祈使句”，它们也都可以从结构的角度分成“简单句”“复杂句”和“多重复杂句”。这些句类在两种语言中各有特点，对它们进行对比，可以了解它们在句法结构和语用功能上的差异。

六、语法修辞方法对比

通过语法手段来达到修辞效果，这样的方法称为语法修辞方法。英汉语有不少相同的语法修辞方法，如替代、重复、省略、倒装、强调等。它们都是英汉语对比的重要内容，通过对比可以弄清它们在各自语言中的表达规律和修辞效果。

七、语法／语义范畴对比

英语富于形态，语法范畴较多，包括以下两类。

（1）与名词性成分有关，包括性、数、格，等等。

（2）与动词性成分有关，包括时态、语态、语气，等等。

汉语没有严格意义上的形态，因而也就没有严格意义上的语法范畴。但是，与上述语法范畴相对应的语义范畴是英汉语所共有的，它们很值得对比，通过对比可以弄清它们在各自语言中的表达方式和两者的差异。

第四节 英汉句子对比

在英汉语言对比中，句子对比十分重要。本节主要围绕英汉基本句型进行对比研究。

一、英语的基本句型

英语句子的基本结构可以归纳成以下五种基本句型及其扩大、组合、省略或倒装。这五种基本句型，可以说是各种英语句子结构的基础。

（一）S+V（不及物动词）（主+动）

这种句型的句子，其谓语动词都能表达完整的意思。这类动词叫做不及物动词，后面可以跟副词、介词短语、状语从句等。例如：

The moon rose. 月亮升了起来。

We all breathe, eat, and drink. 我们人类都要呼吸、吃饭和喝水。

Lucy and Mary get up early every morning. 露西和玛丽每天早上起床很早。

（二）S+V（系动词）+P（主+动+表）

这类句型的句子中，谓语动词必须加上一个表明主语身份或状态的表语构成复合谓语，才能表达完整的意思。这类动词叫作连系动词（Link Verb）。系动词分两类：grow，get，turn，become等属另一类，表示变化；be，keep，look，seem等属一类，表示情况。be本身没有什么意义，只起连系主语和表语的作用，其他系动词仍保持其部分词义。例如：

This is an English-Chinese dictionary.

这是一本英汉词典。

Everything looks different.

一切看起来都与众不同。

He is growing tall and strong.

他长得又高又壮。

这里应当指出，系动词本身有词义，但不能单独用作谓语，后边必须跟表语（亦称补语），构成系表结构说明主语的状况、性质、特征等。有些系动词又是实义动词，该动词表达实义时有词义，可单独作谓语，例如：

He fell ill yesterday.

他昨天病了。（fell是系动词，后跟补足语，说明主语情况。）

He fell off the ladder.

他从梯子上摔下来。（fell是实义动词，单独作谓语。）

状态系动词用来表示主语状态，只有be一词，例如：

He is a teacher.

他是一名教师。（is与补足语一起说明主语的身份。）

变化系动词表示主语变成什么样，主要有become，grow，turn，fall，get，go，come，run。例如：

He became mad after that.

自那之后，他疯了。

持续系动词用来表示主语继续或保持一种状况或态度，主要有keep，rest，remain，stay，lie，stand，例如：

This matter rests a mystery.

此事仍是一个谜。

感官系动词主要有feel，smell，sound，taste，例如：

This kind of cloth feels very soft.

这种布手感很软。

终止系动词表示主语已终止动作，主要有turn out，prove表达"证实""变成"之意。例如：

His plan turned out a success.

他的计划终于成功了。（turn out表示终止性结果）

The search proved difficult.

搜查证实很难。

（三）S+V（及物动词）+O（主+动+宾）

这类句型的句子中谓语动词都具有实义，都是主语产生的动作，但不能表达完整的意思，必须有动作的承受者（宾语），才能使意思完整。这类动词叫作及物动词。例如：

Who knows the answer?

谁知道答案？

1 want to have a cup of tea.

我要了一杯茶。

（四）S+V（及物）+O（多指人）+O（多指物）（主+动+间宾+直宾）

这类句型的句子中，谓语动词必须有两个宾语才能表达完整的意思。这两个宾语一个是动作的直接承受者，另一个是动作的间接承受者。通常这一间接承受者用一个介词来连接，当动作的间接承受者在动作的直接承受者之前时，这一介词往往被省略。例如：

She cooked her husband a delicious meal.

她为丈夫做了可口的饭菜。

I showed him my pictures.

我给他展示了我的照片。

（五）S+V（及物）+O（宾语）+C（宾补）（主+动+宾+宾补）

这类句型的句子中，动词虽然是及物动词，但是只跟一个宾语还不能表达完整的意思，必须加上一个补充成分来补足宾语，才能使意思完整。例如：

This set them thinking.

这让他们有所思考。

What makes him think so?

是什么让他如此思考问题呢?

但是，常用的英语句子除了基本句型的成分不变外，通常是在这些成分的前面或后面增加一些修饰语（modifier）而加以扩大。这些修饰语可以是单词（主要是形容词、副词和数词），也可以是各种类型的短语（主要是介词短语、不定式短语和分词短语）。

另外，英语由于有形态变化，语序相对灵活一些，如疑问句、否定句、假设虚拟句和强调句，都有一定的语序倒置现象。而汉语由于缺乏形态变化，语序相对比较固定，倒装句也比较少，只是有时为了加强语气，才把宾语提到谓语或主语前面。因此，在翻译英语的倒装句时，应采取正常的汉语语序结构来处理。

二、汉语的基本句型

汉语句子的类型是由句子的表达功能和相应的组织形式决定的。总体而言，汉语按结构划分包含单句和复句两种结构。根据现今流行的划分方法，汉语句型包括主谓句、非主谓句和关系句，这里我们侧重对汉语的主谓句和非主谓句进行分析。

（一）主谓句

主谓句（subject-predicate sentence）是由主语加谓语构成的句子，谓语对主语进行陈述。在汉语中，分为动词性主谓句、名词性主谓句和存现主谓句。

1. 名词性主谓句

这类句子的表达功能是评论话题。它的主语是一个话题或主题，谓语是对这个话题的一个或一串评论或说明。为此，也有学者称其为主题句，其主谓成分如表3-4-1所示。

表3-4-1 名词性主谓句

名词性主谓句句子结构成分		
常见主语类型	移位主语	这事情谁也没见过。Nobody touched upon such matter.
	提事主语	至于其他的事情嘛，你叫我怎么办？ As for such other things，what can I do？或者What can I do about other things?
	领属主语	大象鼻子长。The nose of an elephant is long. 或者An elephant has a long nose. （此句“大象”为整体，而“鼻子”为部分，如果改说“大象的鼻子长”，那么主题语是“鼻子”，而不是“大象”。）
	存在物主语	下个月发了工资她便只交三分之一，作为饭钱。She would pay a third of her salary for her meal next month.
	总分主语	男孩他最高。He is the tallest of the boys. （“男孩”与“他”是总体与分述的关系，即对整体中的部分或者个体进行评说。）

续表

谓语常见类型	是认谓语	土豆是一种食物。Potatoes are food.
	能愿谓语	你能帮我一下吗？Could you help me?
	描写谓语（对一个话题主语的描写往往使用形容词）	酒味很纯正。Vinosity is very pure，pleasant and ample.
	带“得”谓语	那姑娘漂亮得像个仙女。The girl is pretty like a fairy.
	被动谓语	想当初门牙都被打掉了两颗。Two front teeth were then knocked out.
	致使谓语	这一笑使他觉得似曾相识，却又一时记不起来是谁。 As he smiled，I had a very strong sense of familiar，but I couldn’t remember who he was at that time.
	比较谓语	其实你还是穿长袍马褂比较协调些。Actually the robe and Chinese jacket are relatively fit for you.

翻译名词性主谓句的方法应视具体情况而定，但应首先确定主题语是至关重要的。主要方法具体如下。

（1）根据说明语选择主题语

在很多主题语没有明显的结构标记的情况下，其有关性便成了这类主题句的生成关键。维系主题语和说明语的是意义关联性，只要是说明句中某一信息的语块，尤其是已知信息，就可以进入“主题+说明”结构。被说明的信息置于句首就成了主题语，说明语块紧随其后就是说明语。根据这一规律，汉译英仍须先确定主语，再处理说明语。主语往往可以作句子的主题，说明可以作句子的谓语、修饰语或其他成分。试比较：

他太太很漂亮，年轻时是大学的校花。

His wife is beautiful. When she was young she was a campus belle。

他太太很漂亮，女儿又聪明，真是好福气。

He is lucky to have a beautiful wife and a bright daughter.

（2）根据结构标记选择主题语

大部分情况下，上述句子类型都有明显的标记性语素，如：

是认标记——to be；被动标记——to be done；存在标记——there be；

能愿标记——can；致使标记——make；得字标记——so that；

比较标记——as…as…

有结构标记比较容易帮助译者找到句式转换的路径，没有标记就需要根据主题和说明的关系来识别说明语了，像领属和总分主题句就是这样的情况了。

（3）移位生成主题语

移位是主题句生成过程的一个重要特点。主题往往是句子成分移位的结果，句子成分移到句首成为话语焦点，开启主题。移位主题句具有可复原性，即主题语可回到原来的位置上，还原为句子成分，如表3-4-2所示。

表3-4-2 移位是主题句生成

主语类型	例句
施事主语	警察抓了小偷。The police caught a thief.
受事主语	三个小偷都抓住了。All three thieves were caught.
主题主语	老虎是一种动物。A tiger is an animal.
零位主语	下雨了。lt is raining.
地点主语	公共汽车上抓住了三个小偷。Three thieves were caught on the bus.
时间主语	昨晚抓了三个小偷。Three thieves were caught last night.
存在主语	处处有热心人。There are warm-hearted people everywhere.
工具主语	一把菜刀闹革命。He began his revolutionary career with a chopping knife.
方式主语	这么快就盖好了一座房子。The house was built at an admirable speed.
关系主语	这件事请保密。 Please keep secret about it.

2. 动词性主谓句

这类句子的表达功能是叙述行为事件。它有四个基本要素，即时间、地点、施事者、行为动作。在这四要素中，时间、地点往往可以靠上下文和环境来表明，施事者在可以意会的情况下也允许不交代，只有行为动作是动词性主谓句必不可少的核心，具体来讲如表3-4-3所示。

表3-4-3 汉语动词性主谓句类型表

汉语动词性主谓句类型	例句
主+谓	大家笑了。Everybody laughed.
主+谓+宾	暴风雨毁了许多房屋。The storm destroyed many houses.
主+谓+间宾+直宾	他给了她一条金项链。He gave her a gold necklace.
主+谓+宾+补	敌人逼他招供。The enemy forced him to confess.
主+谓+状	这船驶往纽约。The ship is sailing for New York.
主+谓+宾+状	他们待我很友好。They treated me very kindly.
主+系+表	童年是难忘的。Childhood days are unforgettable.
主+连动式	他躺着看书。He is lying in bed reading.

上表中，除了最后一种类型外，英语的句型结构与汉语相似。

3. 存现主谓句

由时空词语加谓语构成，用于表示事物存在、消失的句子被称作存现主谓句，存现主谓句是汉语句型中非常独特的一类，它有如下特点。

存现主谓句中的动词不同于一般句子的动词，它不具备完全意义上的动作含义，只是确认某事的存在或消失，相当于“有”或“是”，例如：

那里装起了两个公用的水龙头，还有一台公用的洗衣机。

There are two water faucets and also a washing machine here for the public.

句中前段动词“装起了”和后段的“有”，含义都是确认存在的状态。因此，存现主谓句的动词有时候可以不出现，但在译文中必须体现出原文没有体现的动词。例如：

磨坊里一股新面粉的香味，风车闲悠悠吱呀一声，又吱呀一声。

There is an aroma of new flour in the mill，and the windmill leisurely creaks one after another.

存现主谓句要说明的是在一个特定的时空范围中出现的人与事物。

由于存现主谓句中的动词表现的仅仅是一种状态，它们往往带有表现状态的附加性成分。例如：

那坟墓上已经长满了青草。（“满”是程度性附带成分）

Green grass has grown on the grave everywhere.

长椅上，石凳上，草地上的花丛边坐着一对又一对。（“着”是时态性附带成分）

Young people in pairs sat on the benches，stone stools and beside the flowers on the grass.

显然，汉语存现主谓句中的主语多数情况下是无法在英语中作主语的，译者需从原句中找出恰当的成分作译文的主语或者使用英语的there be句型来完成翻译。

（二）非主谓句

非主谓句（non-subject-predicate sentence）是由单个词或主谓短语以外的其他短语构成的单句，是一种与主谓句相对的句型，在现代汉语中占有重要的位置。非主谓句多是汉语语法的特点之一，常用于点明事件发生的时间、地点，也常用于书名、篇名中以及文字的开头、简短对话、呼语等场合。

1. 独词句。独词句由一个词（或一个词组）组成，自身具有完整的含义，不依赖上下文和语言环境。单独一个词或者以名词为中心词的偏正词组表达一个完整的意思，成为一个句子，这叫独词句。汉语中的独词句常见于如下内容的表达。

（1）称谓，例如：

妈……　Mom…

王教授……Professor Wang…

（2）问候和告别，例如：

“早。”Morning.　或者Good morning.

“再见”See you.

（3）应对，例如：

是。Yes.

不行。No.

什么？What?

2. 无主语句。汉语中的无主语句分为动词性的无主语句和名词性的无主语句，具体如下。

（1）名词性的无主语句表达

①问答，如：

昨天晚上。

Last night. 或者Yesterday evening.

我的衣服呢?

Where are my clothes?

②提示，如：

老王，电话。

You are wanted on the phone，Lao Wang.

（2）动词性的无主语句表达

①表达自然现象的无主语句。例如：

刮风了。It is windy.

下雨了。It is raining.

②表达期望和命令的无主语句。例如：

起立。Stand up.

请勿在此喧哗。Don’t talk here.

③引用某些熟语。例如：

吃一堑，长一智。

A fall into the pit，a gain in your wit.

留得青山在，不怕没柴烧。

As long as the green hills last，don’t worry about firewood.

翻译汉语非主谓句的主要方法有四种，具体如下。

第一，表达期望和命令的无主语句采用英语祈使句。

第二，表达自然现象的无主语句应增补英语主语。

第三，汉语熟语尽可能使用约定俗成的句子，通常情况下主谓完整。

第四，汉语名词性无主语句的翻译应根据语境来灵活掌握。

汉语独词句除了表达简单明了的语义外，还可以表达词语以外难以名状的含义，具有言有尽而意无穷的作用。尽管汉语独词句没有上下文或者语言环境，但听者明白其意义。所以，译者应融入说话者所处的场景之中，并进行灵活处理。

第五节　英汉语篇对比

在英汉语言异同对比中，除了以上四部分内容以外，还有一部分内容需要我们展开具体论述，即英汉语篇对比。

衔接是将语句聚合在一起的语法及词汇手段的统称，是语篇表层的可见语言现象，也是句子在语法和语义上连接起来的表层形式特征。当语篇中的某一成分的解释依赖于另一成分时，便产生了衔接。衔接从语篇生成的过程来看是组句成篇不可或缺的条件，从业已生成的语篇来看是语篇的重要特征之一。根据韩礼德和哈桑（Hallidav&Hasan，1976）的划分，衔接手段大致可分为语法衔接手段（grammatical cohesion）和词汇衔接手段（lexical cohesion）两种。语法衔接手段包括照应（reference）、省略（ellipsis）、替代（substitution）和连接（conjunction），词汇衔接包括词汇重述（reiteration）、同义（synonymy）、下义（hyponymy）和搭配（collocation）等。汉语与英语的衔接手段包括八种，具体如下。

一、指代

指代具有照应功能，在英语实践中，能够理解词语所指，必须靠上下文、语境中其他词语。通常，除了人称代词和指示代词外，英语定冠词、汉语的“人家”、表示比较的词语等，也具有照应作用。例如：

The boy who was crying as his heart would break. said. when I spoke to him，that he was very hungry. because he had had no food for two days.

那男孩哭得心都要碎了，当我问他时，他说已经有两天没吃东西，实在是饿极了。

在上例中，英语单数第三人称代词he及其各种形式用了四次，分别是：his，him，he，he，都用来回指the boy（男孩）。而在汉语译文中，代词“他”只用了两次。这主要是因为，“两天没吃东西”和“饿极了”的主语都省略，没有产生歧义。由此可见，英语译成汉语时，对于回指代词的处理非常重要。再如：

少年姓孙，属马，比小水小着一岁，个头也没小水高，人却本分实诚。

This boy，a member of the Sun family，had been born in the year of the horse. Although he was a year younger and a head shorter than Water Girl，he was honest and sincere.

显然，汉语原文没有用代词回指“少年”，但在翻译成英语时，却在两处用了回指代词he。这样做不仅能够符合英语的句子结构要求，而且也能够加强各小句在语义上的连贯。

因此，汉英两种语言的语篇衔接手段，在使用上各有不同。汉语侧重词汇和结构手段的多样性，来取得语篇的连贯性，如重复和省略。而英语多借助代词。所以，在翻译中，为加强译文连贯性，应按照英汉两种语言各自不同的特点进行翻译。

二、连接

连接是一种重要衔接手段，它能够在语篇的小句之间，构成逻辑关系，如并列、转折、因果等，并将他们连接在一起。例如：

（1）他是学生，但不是最好的学生。

（2）Please come hereor stay at home.

在（1）句中，“但”将两个小句连接到一起。在（2）句中，连接词or将两个分句连接到一起。

通过汉英对比可以发现，汉语的连接词使用得少。很多时候，汉语小句之间，并不用任何连接。对于衔接手段来说，连接大多是形合手段。汉语虽然少用连接词语，但是其他衔接手段，如代词、重复、标点、词汇衔接、语序和韵律等。

连接词语的使用，与文体也有关系。在汉语的正式文体中，连接词语用得相对多一些。在口语和非正式文体中，连接词语就用得少一些。例如：

少年姓孙，属马，比小水小着一岁，个头也没小水高，人却本分实诚。

This boy a member of the Sun family，had been born in the year of the horse. Although he was a year younger and a head shorter than Water Girl，he was honest and sincere.

在汉语原文中，连接词语似乎只有“却”，其他小句之间没有连接词语。在英语译文中，翻译者用了although对译“却”，其他为复合句。

三、省略

省略就是在翻译过程中，针对上下文，省略句子的某个成分。其主观因素是节省时间，简练干净。客观条件是，根据上下文，可以判断推测省略的元素。例如：

（1）老王走进来，挑了很多毛病。

（2）Mr. Wang came in and found many things he did not like.

在（1）句中，动词“挑了”的施事没有表示，但根据上下文，可以推断，“挑了”前省略了“老王”。在（2）中，动词 found前省略了主语，但是仍然可以判断出，省略的成分是Mr. Wang。

可见，省略除了使说话写作更省时省力以外，也是连接语篇各部分的重要衔接手段。且在汉语中，省略的情况往往比英语多，而使用代词回指的情况又比英语少。例如：

金狗情绪上来，英英愈发一脸光彩，她的对面的窗台上放着一面镜子，就一边和金狗说话，一边在镜子里照着自已，两眼飘忽不已。（贾平凹《浮躁》）

He soon found himself warming to her, and she was looking prettier by the minute. As she talked, she gazed into the mirror opposite the window, her eyes darting back and forth.

在上例中，“就一边和金狗说话，一边在镜子里照着自已，两眼飘忽不已”三个小句中，主语都没有出现。可见，原文使用省略衔接手段，但在译成英语时，则至少多用了三个代词。

而英译汉时，则会省略掉一些主语，显得更像汉语。例如：

A woman goes to work for a large corporation like IBM. She is intelligent, ambitious and hard-working. She is also good at solving problems. She likes the security of a defined salary and the security of knowing that there will always be a definite job to be done, a definite direction in which to exert her abilities.（Edward De Bono, Entrepreneur）

一位女士去一家大公司（如国际商用机器公司）工作。她有才智有抱负，工作努力。还善于解决问题。她喜欢稳稳当当，有一定的工资，知道总有一份规定的工作要做，知道自己施展才能的明确方向。

显然，英语原文用了三个she，在译成汉语时，只用了两次“她”，在其他位置全部省略了主语“她”。

四、词义衔接

词义衔接是指词语通过意义将所在句子与上下文连接在一起，也就是“词汇衔接”，跟“语脉”相似。通过词语之间的联系，如同义、反义、上下义、部分与整体等等，将语篇的不同部分结合到一起。例如：

（1）谦虚使人进步，骄傲使人落后。

（2）Our unemployment rate is up，but our salary is down.

在（1）句中的“谦虚”和“进步”分别与“骄傲”和“落后”构成反义关系。在（2）句中，up与down是反义词；unemployment（失业）与salary（工资）在语义上发生关系。不论英汉，词语意义关联，可以增进分句连接。

意义上的各种关系，往往存在同义、近义、反义、上下义、部分整体、事物与空间、事物与时间以及其他关系。如汉语中的词汇衔接手段：

鲁镇的酒店的格局，是和别处不同的：都是当街一个曲尺形的大柜台，柜里面预备着热水，可以随时温酒。做工的人，傍午傍晚散了工，每每花四文铜钱，买一碗酒，——这是二十多年前的事，现在每碗要涨到十文，——靠柜外站着，热热的喝了休息；倘若肯多花一文，便可以买一碟盐煮笋或者茴香豆，做下酒物了，如果出到十几文，那就能买一样荤菜，但这些顾客，多是短衣帮，大抵没有这样阔绰。只有穿长衫的，才踱进店面隔壁的房子里，要酒要菜，慢慢地坐喝。（鲁迅《呐喊》）

在上例中，词语构成各种语义关系，基本如下。

（1）构成同义和近义关系的有：做工的人、短衣帮；散工、休息；买、要。

（2）构成反义关系的有：做工、散工、休息；站着、坐；长衫、短衣。

（3）构成上下义关系的有：下酒物、盐煮笋、茴香豆、荤菜。

（4）构成整体和部分关系的有：酒店、柜台、店面隔壁的房子。

（5）其他在语义上相关的词语有：热水、温酒、热热的；酒、下酒物、碗、菜；铜钱、文、买、要。

（6）词语构成的这些语义关系，与其他衔接手段一起，将语篇连接到一起。

此外，英语多通过形式上的变化，如名词的性和数、动词的时态等，但也依靠“意合”的手段达到衔接的目的。例如：

The sun is shining. It’s a perfect day. Here come the astronauts. They are just passing the Great Hall; perhaps the President will come out to greet them. No. it’s the admiral who’s taking the ceremony…（Brown and Yule，19Sj：128）

在上例中，我们可以总结如下。

（1）构成同义、近义关系的词语有：shining、perfect day；greeting、taking the ceremony。

（2）构成反义关系的有：the President、the admiral。

（3）构成事物与空间关系的有：the President、the Great Hall。

（4）构成事物与时间关系的有：the sun、perfect day。

（5）构成其他关系的有：passing、come、come out。

五、重复

在语言中，重复就是重复上文提到的词语。语言学家韩礼德和哈桑（Halliday Hasan）（1976）以及韩礼德（Halliday1994），分别使用reiteration和repetition表示“重复”，并将这种衔接手段归入“词汇衔接”。

其他词汇衔接手段更强调词语在语义上的关系，而重复更强调词语在形式上的相同和相似。例如：

（1）有心栽花花不开，无心插柳柳成荫。

（2）“It should be possible to make a precious stone that not only looks like the real thing，but that is the real thing.” said a chemist many years ago. “The only difference should be that one crystal would be made by man，the other by nature.”

在（1）句中的两个小句，分别由更小的小句组成。其中，小句“有心栽花”跟“花不开”构成第一个分句，“无心插柳”跟“柳成荫”构成第二个分句。

显然，第一分句的两个小句重复“花”，第二分句的两个小句重复“柳”。而第一分句和第二分句又共同拥有“心”，而显得联系更紧。当然，两个分句的衔接还通过其他手段。在（2）句中，名词短语real thing重复，也起了衔接的作用。

由此可见，重复不同于代词衔接手段，代词所指与先行词所指相同，构成“照应”关系。重复则强调形式相同。例如：“我喜欢看电影，你也喜欢”。这个句子就是通过动词“喜欢”的重复加强了联系。

此外，还要注意的是，汉语重复的更多，而英语则不喜欢重复同样的名词短语。例如：

“换心？你接受了换心手术？你就是大报小报都在报道的那个新闻人物，我省的第一个换心人吗？”

“A heart transplant? So you’ve got a new heart. the very first person in our province who received such an operation. The person who' s been much in the news!"

通过分析这个汉语句子，“换心”用了三次。而英语更喜欢用不同的词语回指，不喜欢重复，在上例中，英语译文用了以下不同的表达法。

（1）a heart transplant：心脏移植

（2）a new heart：新的心脏

（3）such an operation：这样的手术

重复可以分为全部重复和部分重复：全部重复指整个名词短语在下文里重复，而部分重复只重复该短语的一部分。上面汉语原文的“换心”是全部重复，而英语译文的a heart transplant和a new heart则是部分重复。

六、语序

语序既表示语义关系，也表示语用中的信息结构。语序不同，信息结构不同，主题、述题、上下文衔接也不同。承上启下，联系上下文的主题内容与思路。此外，语序还有突出信息焦点的功能。承上启下主要是考虑句子和小句的主题，而突出焦点则考虑句子和小句的述题。

从语篇角度来讲，主题承上启下用，在汉语和英语中，常常出现在句子开头。焦点包括主要信息，在汉语和英语中，则一般出现在句子末尾。例如“被字句”：

许凤仙是春节时候才嫁到这村来的新媳妇，是个能说能干的人物，嫁到这里不几天，就被选为副队长了。

在上例中，如果将“被”字句改为“把”字句，语篇的衔接就不那么紧密了。例如：“把字句”：

许凤仙是春节时候才嫁到这村来的新媳妇，是个能说能干的人物，嫁到这里不几天，大家就把她选为副队长了。

此外，下面的例子也可以说明小句中的语序跟上下文有关。

（1）老李从外地回来，拉走了货。

（2）老李从外地回来，货拉走了。

（3）老李从外地回来，货被拉走了。

在上面三个例子中，各自不同的是第二个分句：

（1）中的“拉走了货”，主动语序，主题省略，直接上局。

（2）中的第二个小句将受事“货”放在句首，改变了小句主题，所以与上句连接得不太好。

（3）句中的第二个小句用“被”字句，也将受事放在句首，改变了主题，衔接也更松散。

再如：

（1）张三在哪儿找狗？

（2）张三是在公园找狗的。

（3）在公园找狗的是张三。

其中，第一句问对方找狗这件事发生在哪儿，第二句回答，将“在公园”放在焦点的位置，与第一句连接紧密。第三句则将上文的旧信息“张三”标记为焦点信息。

当然，与汉语相近，英语语序同样具有衔接功能。例如：

（1）It’s the sun that’s shining，the day that’s perfect. The astronauts come here. The Great Hall they’re just passing；he’ll perhaps come out to greet them. the President. No，it’s ceremony that the admiral’s taking…

（2）The sun is shining. It’s a perfect day. Here come the astronauts. They are just passing the Great Hall；perhaps the President will come out to greet them. No. it’s the admiral who’s taking the ceremony…

从上例来看，“it is hard for the processor to construct a coherent model of what is going on from the text”（1）句是很难懂的，分析原因，就是因为该段各句语序不合适，主题和焦点变动得太频繁，难以理解。且在第一句中的两个小句，都是用的it is…that的强调句，在句中分别强调the sun（太阳）和the day（日子）。在上下文中，这样显得突兀。再如：

（1）Such are the rewards that always crown virtue.（Shakespeare）

这样的报酬常常是美德所应得的。

（2）By negation is meant the denial or absence of facts.

否定是指否认事实或不存在事实。

由此可见，以上两句体现出了承上启下的衔接功能。

七、标点

标点符号在语篇中的衔接功能，有独特作用，它对于翻译的影响，有时彰显得尤为重要。

胡明亮曾初步探讨逗号对于理解原文、完善译文所起的作用，而且重点讨论对外汉语教学中遇到的问题。此外，胡裕树总结了汉语逗号的用法，认为逗号可以用在主谓之间。例如：

A："出来呀，你！"

B：游击战争战略问题的第二个问题，是和正规战争相配合的问题。

C：我们高兴地看到，新中国少年儿童在毛泽东思想的阳光雨露哺育下，正在茁壮成长。

D：他们，都是我热爱的人。

显然，除了句子内部的组织功能以外，逗号也常用在小句之间，起着语篇衔接作用。例如：

英英就说："你以为我家什么都好吗？我爹死得早，我和我娘全凭叔叔和小娘照顾，可祸不单行，我小娘就瘫了，他也是没福的人，叔叔"文革"中受批斗，她身子好好的，担惊受怕。叔叔恢复工作了，她却一场中风，至今半死不活地躺着。我和叔叔一走，家里就剩下我娘，既要料理地里，也要照看小娘，日子也是乱槽糟的。我要是像你，该多邋遢就多邋遢了？！"（贾平凹《浮躁》）

从上例的引语中，可以看出，这段对话只用了一个问号、一个句号和一次问号叹号合用，每句话内部都用逗号连接。全段一共用了十六个逗号。可以看出，汉语逗号的使用比较普遍。

如果，我们将上例翻译成英语，会有很大不同，可以试看下例。

"You probably think I come from a privileged background. Don't you?" Yingying said. "Well, my father died young, and Mother and I had to rely on the kindness of my aunt and uncle. But the bad times just kept coming. because my aunt had a paralytic stroke. Just another unfortunate woman.

During the Cultural Revolution, when Uncle was attacked. she was in perfect health and could take everything that came. Then when Uncle's position was restored。she had a stroke, and now she spends her time lying on her back, half-dead. When Uncle and I weren't home. it was up to Mother to take care of things and look after Auntie as well. What horrible days! If I were you, I'd grab everything coming to me!"

在汉语例子中，表达的是英英劝小水别自暴自弃，要大胆追打扮自己。而且只用了三句话，后两句还是流水句，一逗到底。但在翻译成英语以后，却加了六个句号、两个感叹号和一个问号，共十个逗号[①]。

由此可见，原来汉语的两句话，翻译成英语的八句话。这说明汉语更多依靠其他衔接手段将句子和小句连在一起。而英语则更多依靠形态变化、连接词语和标点符号来达到衔接的目的。

① 何三宁. 汉英语言对比与翻译［M］.北京：中央编译出版社，2015.

八、韵律

除了指代、省略、重复、连词、标点、词义和语序等手段以外，韵律也是重要的一种。通常，韵律衔接手段表现为语音重复，包括尾韵、头韵、平仄交替和音节重复、节奏重复和音步缩短三个方面。

实际上，英汉的不同点在于，汉语语音重复包括平仄交替，节奏重复以音节为单位。而英语的语音重复还使用头韵和语调，并采用音节缩短的衔接手段。

（一）汉语韵律

汉语韵律衔接表现在三个方面语音重复、节奏重复、音步缩短，具体分析如下。

（1）语音重复。主要包括：押韵、平仄交替和音节重复。押韵的方法经常用到。例如：

白日依山尽，黄河入海流；欲穷千里目，更上一层楼。

（2）平仄交替。也是衔接手段。例如：

枯藤老树昏鸹，（平平仄仄平平）

小桥流水人家，（仄平平仄平平）

古道西风瘦马，（仄仄平平仄仄）

夕阳西下，（平平平仄）

断肠人在天涯。（仄平平仄平平）

（3）音节重复。也是衔接的手段，是利用词语的重复达到衔接目的，例如：

我们的目的一定要达到，我们的目的一定能够达到。

“我们的目的”“一定”和“达到”三个词语重复，是音节的重复，起强调、衔接的作用。

（二）英语韵律

英语也同样有韵律上的衔接手段，包括语音和节奏重复，通常节奏重复包括扬抑、抑扬、扬抑抑等多种。例如：

What a lark! What a plunge! For so it had always seemed ther, when, with a little squeak of the hinges. which she could hear now, she had burst open the French windows and plunged at Bourton into the open air.

How fresh, how calm, stiller than this of course. The air was in the early morning; like the flap of a wave, the kiss of a wave, chill and sharp and yet (for a girl of eighteen as she then was) solemn feeling as she did, standing there at the open window. that something awful was about to happen… (Virginia Woolf, Mrs. Dalloway)

其中，"What a lark! What plunge!"用同样的扬抑扬节奏；"How fresh, how calm"用同样的抑扬格"the flap of a wave, the kiss of a wave"也是用同样的节奏。所以，节奏的重复与对称，在文中起重要的衔接作用。

第四章　跨文化交际的内涵与途径

第一节　跨文化交际的内涵

所谓跨文化交际就是指不同文化背景的人们之间的交流。二十世纪六十年代以来，随着科技的发展和全球化的深入，跨文化交际已经成为人类社会生活不可缺少的一部分。由于跨文化交际现象的频发，对跨文化交际的研究也日渐增多，并逐渐发展成为一门独立的学科。由于跨文化交际行为与汉语推广战略之间存在关联，所以跨文化交际的研究也与汉语国际教育这种跨文化的活动密切相关。具备有效而得体的跨文化交际能力是汉语教师应有的基本素质。因此在这一章中，我们主要讨论的内容有跨文化交际的定义、跨文化交际的特点以及跨文化交际过程中需要注意事项。

一、跨文化交际的定义

在一般语境下，我们所理解的跨文化交际所含之意应该包括跨越民族文化、跨越性别文化、跨越地域文化等方面，那么在跨文化交际研究中，究竟应该如何定义跨文化研究呢?

通过整理目前学界的研究成果，我们可以看到跨文化交际的通行定义有以下几种。

1. 跨文化交际是指那些其文化观念和符号系统的不同足以改变交际事件的人们之间的交流。（Samovareta1，2010）

2. 跨文化交际是一种交流性的和象征性的过程，涉及来自不同文化背景的人们之间的意义归因。（Gykunst＆Kim，2003）

3. 跨文化交际就是不同背景的人们之间的交际。（胡文仲，1999）

4. 跨文化交际是来自不同文化背景的人们之间符号性交流的过程。有效的跨文化交际的目标是在相互的情境中给不同的个体创造共享的意义。（Ting—Toomey. 1999）

通过归纳以上几个定义，我们认为跨文化交际的定义应该涵盖以下几个方面。

首先跨文化交际是不同文化背景的人们之间的交流，其次跨文化交际是通过象征符号来实现的，再次跨文化交际是一种双向的互动的动态过程，最后跨文化交际的目标是创建共享的意义。

我们可以将跨文化交际的定义简单概括为不同文化背景的人们之间的交际，这里讲的跨文化交际实际包含两个层面：一个层面是在不同国家和不同民族之间的交际，例如中国人与日本人、美国人与阿拉伯人之间的交际，这是横向的是跨文化交际；另一个层面是在同一个国家或民族中，不同性别、年龄、职业、地域的人们之间的交际，这是纵向的跨文化的交际。例如男性和女性之间的交际存在差异，男性侧重信息传递而女性侧重建立和谐关系。当然，宽泛的讲不同人群之间的交往都是跨文化交际。

二、跨文化交际的特点

从跨文化交际的定义出发我们可以概括出跨文化定义的几个特点。

（一）跨文化交际存在即时互动性

虽然跨文化的交际包括团体间之间和个体之间的交际，但是跨文化交际更多地侧重点是在人与人之间面对面的交际层面。由于是人与人之间面对面的交际，因而具有即时互动性的特点。跨文化交际研究学者强调跨文化交际主要是指不同文化背景的人们面对面的交流。这里所说的面对面的交流既包括了语言交际层面也包括了非语言交际层面，所以跨文化交际的过程也就是交际双方双向交流和互动的过程。

（二）跨文化交际双方存在差异性

由于跨文化交际是不同文化背景的人们之间的交流，而不同的文化本身就具有差异性，因此跨文化交际过程中必然存在差异性。跨文化交际研究学者陈国明指出跨文化交际的特点之一就是差异性。而这种差异性具体体现在以下几个方面：首先跨文化交际涉及了交际双方的深层文化，如文化传统、信仰等方面的差异；其次跨文化交际也涉及了行为方式和习俗方面，如手势使用、节日习俗等方面的差异；最后跨文化交际还涉及个体文化身份与角色方面的差异，如性别、年龄、职业、地域等方面的不同。例如当一位中国的中年女教师与一位美国的初中男生在进行跨文化交际时，他们不仅在宗教信仰、交流方式等方面存在差别，而且还在性别、年龄、身份等方面存在差异。这些存在差异的因素相互作用，共同影响了跨文化交流的过程和结果。

（三）跨文化交际中存在信息不对称性

由于跨文化交际双方存在深层文化背景、个体行为方式以及个体身份与角色等方面的差异，这些因素必然会导致跨文化交际的过程中会出现信息不对称的状况，所以跨文化交际很容易产生误解和冲突。跨文化交际研究学者陈国明认为差异性是导致跨文化交际出现冲突的主要原因。例如一位中国学生出于善意把泰国留学生舍友洗干净的内衣和袜子叠放在她的枕头上，结果这个泰国女生觉得受到了侮辱，一定要搬离宿舍，因为泰国人普遍认为头部是神圣不可侵犯的，而把内衣和袜子放在枕头上是一种侮辱人的行为。

正是由于在跨文化交际中存在信息的不对称性，所以在跨文化交际中充满了交际双方发生冲突的可能性。虽然交际双方的动机并非恶意，甚至在某些时候还是出于善意，但是由于交际双方差异性的存在也会出现在自己文化中得体而礼貌的行为到了另一种文化中却成了无礼的举动。跨文化交际研究学者Brislin把这样的误解被称为“善意的冲突”（well-meaning clash）。例如，一个韩国人送韩国朋友绿帽子是一件令人愉快的事情，但是如果一个韩国人送中国人绿帽子就会被视为不礼貌的行为。然而在跨文化交际中的大多数误解和冲突都属于这种“善意的冲突”，而非出于人们的恶意。

（四）跨文化交际是促进文化的融合与发展

虽然在跨文化交际中充满了误解甚至冲突，但是跨文化交际又是一种能给人带来深刻变化的行为。跨文化交际的经历使交际双方具有更开阔的视野、更丰富的阅历、更成熟的性格、更复杂的思维、更宽容的态度。跨文化交际行为使人们能更深刻地感受到世界上存在着不同的文化方式，并且学会了理解和欣赏这种文化的差异。当然跨文化交际不仅促进交际者人生的丰富和完善，在更高的层面来说，这种交际行为还会促进不同文化间的交融，最终促进整个人类文化的融合和发展。

三、跨文化交际过程中的注意事项

在跨文化交际的过程中，由于交际双方存在差异性，这种差异性会造成交际双方的误解和冲突，如果这种误解和冲突发生在国与国之间的交际行为中，必然会给交际双方造成不良影响。为了避免跨文化交际过程中产生这些“善意的冲突”，就需要了解跨文化交际过程中的一些注意事项，即交际过程中的禁忌。

在交际活动中，禁忌几乎是无处不在的。在同一种文化中，由于地区或者次文化的差异，禁忌就会略有差别。那在不同的文化中，禁忌的差异就更大了。由于禁忌在跨文化的交际过程中会设置或大或小的障碍，使人们不得不注意它，进而避开它，以期交际的顺利进行。实际上，中国人自古代起就十分注重交际过程中的禁忌，《礼记•曲礼上》就明确记载着“人竟（境）问禁”的礼仪规范。而英语国家的人们同样十分注重禁忌。例如一位在英国留学的中国学生因向其工作餐厅老板送错花，被当场炒鱿鱼，因为她向医院病人送了红白相间的两种不同颜色的花而触犯英国人的忌讳。由此可见，在中西方文化背景的人们进行交际的时候应该注意彼此文化的差异，尊重彼此文化中的禁忌。

由于人们在与不同文化背景的人进行交往时会无意识地用本民族的文化准则、社会规范和社会语言规则等来判断和解释别人的言语行为，因而造成交际失误。同样的行为在不同的文化中会产生不同的交际效果。如中国文化中人们常用“你吃饭了吗？”（Have you eaten？）“你上哪儿去？”（Where are you going？）等言语作为问候语，但如果你对说英语的人讲“Have you eaten？”（你吃饭了吗？）“Where are you going？”（你上哪儿去？），不但没有问候的意思，反而会起反作用。如果一位美国人在中国被人问到“Where are you going？”时，他会很气恼，因为这问题对他的隐私构成了威胁，他会觉得“自己似乎去一个不应该去的地方一样”。而“Have you eaten？”在某一特定场合可能会使美国人觉得说话人在邀请他去吃饭，或者会使别人感到莫明其妙。其实在美国人民打招呼通常以天气、健康状况、交通、体育以及兴趣爱好为话题。这个交际过程中产生的误解就是没有了解不同文化中存在的禁忌所致。

具体而言，在跨文化交际过程中的禁忌，既包括语言方面的禁忌，又包括语言行为等方面的禁忌。

（一）跨文化交际中的语言禁忌

由于语言是跨文化交际的载体，因而在跨文化交际过程中，应该注意一些语言的使用禁忌，具体包括称谓方式禁忌、词汇禁忌、话题禁忌等方面，下面进行具体说明。人们在进行跨文化交际时，首先应注意的语言禁忌是中西方不同文化背景下称呼语的差异。

1. 称呼语禁忌

汉语中的称呼语禁忌在历史上主要涉及讳名。在历朝历代，对于帝王、师长、官吏、绝对不能称名，必须加以回避，即所谓的“避讳”。这种称呼语的禁忌沿袭至今就形成晚辈对长辈、下级对上级、学生对老师，决不能直呼其名，否则便会视为不尊重师长。一般来讲，晚辈称呼长辈时，应以辈分称谓代替姓名称谓，而且不论有无血缘关系都可以使用“爷爷”“阿姨”等称呼语。在人际交往中，出于尊敬，通常以对方职务或以“同志”“师傅”相称。

英语中基本不存在讳名问题，在多数情况下，男士都可以用Mr+姓称呼，已婚女士用Mrs+姓称呼，未婚女士用Miss+姓称呼便可。在英美国家，对于关系比较亲近的人，无论身份、地位存在何种差异都可以直呼其名，以示平等友好。但对王室成员、地位很高的神职人员以及社会地位较高的人士一般以爵位名和职业名称呼，如doctor，professor等，就要用其头衔（title）加上姓，或单用头衔称呼。

2. 讳词禁忌

在英汉文化中，都存在一些讳词，这些讳词通常都涉及了死亡、性等人们忌讳用到的词语。

如以“死亡”这个词为例，英美人不愿直接用到died或death等词，在交流过程中，他们更愿意用较委婉的说法如pass away，pass on，depart to God，fall asleep等；也常不愿直说可怕的疾病，如不说cancer，而改说big C；“He is ill”的表达方式也不经常出现，通常用“He doesn’t fell well”表达。而在中国文化中，人们回避说死。当我们对一个病人说“你今天不舒服，就别上班了”，以“不舒服”代指“病”。军人之间常用“挂彩了”“光荣了”的表达方式替代“伤”“死”这些忌讳用到的词语表达。再如一些与性相关的词汇，它们也是英汉文化中的讳词，在汉语中，涉及性、性器官和性行为的词语都在讳词之列。如通常把“排泄行为”称为“解手”或“方便”，把女性的月经称为“例假”，而性行为用“同房”“房事”等取而代之。

在英语中，大多也不会在公开场合说到有关性的词汇，特别是不会说出那些由四个字母组成的下流词语。在英语中凡是与同性恋或性行为有关的，或能引起性联想的词汇也在讳词之列。

在中西文化中还有一类与原始崇拜有关的词汇也在讳词之列，如东北长白山一带的山民有以虎为神的习俗，他们忌讳直呼虎名，而改称为“山神爷”；我国北方森林地区一些猎人在语言中忌称“老虎”，而称之为“大虫”。逢年过节时尤其不能亵渎神灵，如买财神画像不能说“买”，只能说“请”。商家直销也是说“送财神”，而不是“卖财神”。西方国家信奉基督，随便提及上帝被认为是亵渎神灵。人们不愿使用会“触犯”上帝和魔鬼撒旦的言辞，而用委婉语。如上帝（The A11 Knowing全知者）、撒旦（The Evil坏人）、“魔王”（The Gentleman Black黑衣绅士）等。

3. 交谈话题禁忌

在中西跨文化交际过程中会发现，有一些交际的话题也会成为交流过程中的禁忌，而且在这方面英语和汉语的表达方式存在较大差别。

由于西方文化以个人价值至上，他们强调个性的张扬，因此表达个体“我”的时候，“I”在书面语中无论何时何地都要大写。强调独立的个性“individualism”，他们的“privacy”是绝对不能让别人干涉的，除非本人主动表达了交流的意愿。具体而言，这部分的词汇大致包括个人的年龄、财产、工资收入、婚姻、恋爱等内容，

而在中国文化中，上述内容在社交中常常作为关注的话题加以讨论。当然，中国人也有忌讳的话题，尤其是涉及个人尊严的“短处”“痛处”“缺点”“毛病”等方面的事情，即“打人别打脸，说话别揭短”。但在医院医生询问患者情况或注册登记等情况下，婚姻状况、年龄、职业等内容就不再是禁忌的话题。

（二）跨文化交际中的非语言禁忌

在跨文化交际过程中，除了要注意上述的语言禁忌，还要注意一些非言语的行为禁忌，这些禁忌具体而言包括社交场合禁忌和传统习俗禁忌。

1. 社交场合禁忌

在一些具体的社交场合，应该遵循一定的社交礼仪，切忌出现违反社交礼仪的情况，当然在中西文化中，社交场合的礼仪也存在一定的文化差异。

如拜访某人的情境中会有一些中西文化方面的差异。在英语国家，拜访某人需事先预约，不能突然拜访某人，如果有访客突然造访，就会令受访者感到十分不快，一些受访者甚至会拒绝拜访者，这是因为英语国家的人们认为突如其来的拜访会打乱自己的安排，给自己的工作和生活都造成极大的不便。久而久之，没有预约就直接拜访别人便成为了英语国家的

禁忌，如果有人突然拜访某人，就会被受访者视为粗鲁无礼。而在中国，熟悉的人们之间相互拜访，一般都没有提前预约的习惯，人们对此一般都习以为常，有些人甚至认为突然造访会另受访者感到惊喜。但是随着社会经济的发展，人们生活节奏变快，在商务场合以及一些严肃的社交场合，预约访客也成为了一种约定俗成的习惯，因为人们普遍认为这样做比较得体，会另交际双方都感到方便舒适。

中西方文化除了预约访客的习惯有所不同外，在遵守预约时间方便也有所区别。当然预约的拜访一般要准时，不可提前或迟到，但是在不同国家的社交场合又会有不同的情况，比如美国人一般习惯晚3～5分钟到达宴请或聚会的现场，这是因为在美国，人们认为这种做法比较方便主人进行宴会或者聚会前的准备，尤其是准备宴请或者聚会的女主人一般都会比较忙碌，她们通常在宴会开始前的五分钟才会换上得体的服装，所以访客一般会比预定的时间晚10分钟到达，这种做法是没有问题的。但是与美国不同，中国人的习惯做法是提前3或4分钟到达宴会或者聚会的现场，这是因为提前到达宴会或者聚会的现场一方面可以帮助主人做准备，当然更重要的一方面是提前到达表示对受访者尊敬，如果受访者较为年长或者地位较高就更该如此。

在跨文化交际场合，还有一些中西文化中存在差异的地方值得注意。比如在家庭聚会或其他类似的社交活动中，英语国家的人们尤其忌讳别人谈论其行业内的事情或公事，这是因为人们认为谈论只有自己熟悉，别人听起来却是天方夜谭的话题会令人感觉无趣，增加了交际的障碍，没有办法达到交际的目的。而且人们通常认为只谈论自己行业内的事情或者公事是视野狭窄的表现，这样的人一般不受交际场合的欢迎。然而在中国的社交场合却并没有这种约定俗成的规定，人们并不是特别反感别人在公共的社交场合谈论一些行业内容或者公事。当然，中国人也厌恶别人在公共的社交场合卖弄自己的知识，甚至夸夸其谈。

除了社交原则和社交话题的区别之外，中西方的一些具体的社交礼仪也存在着很多差别，应当引起足够的重视。比如在跨文化交际的社交活动中，人们常常在社交场合施握手礼，在英语国家有一个关于握手礼的禁忌，即不能越过两个人拉在一起的手，去和第四个人握手。英美国家的人们普遍认为这种交换握手的方式可能会为交际双方都带来不幸。但是在中国的社交场合一般不存在这种禁忌。

在跨文化交际的场合，尤其是在英美国家男士的交际场合中，还需要特别注意吸烟的礼仪禁忌。在男士的社交场合，为他人点烟通常被视为是符合社交礼仪的举动，但在英语国家，一直存在一次为三个人点烟的禁忌。在英美国家男士的交际场合，当一个人划着了火柴或者打着了打火机时，一次只能连续为两个人点烟，如果同时还要为第三个人点烟，就需要再重新划一根火柴或重新打着打火机。英语国家的人们普遍认为如果用一根火柴连续为三个人点烟就会给其中的某个人带来不幸。但是在中国却不存在这种社交禁忌。

除了上述的社交礼仪的差异外，中西方在社交场合的等候礼仪规则也不同。在英语国家，排队等候的礼仪规则是特别严格的，这是因为人们普遍认为无论在何种公开场合，人们都应该严格遵守礼仪规则，并且时刻保持优雅的距离比如到邮局或银行办事，或到某处参观，人们会根据先来后到的顺序排起队来，并保持一定的距离不允许任何人观看别人办事或帮助出主意，而且到餐厅用餐，如果客人已满，后到达餐厅的人必须在餐厅门口等候，绝对不允许到餐厅内任意寻找座位。在中国的交际场合，这些等候的礼仪规则并没有如此严格。但是人们也会按照先来后到的顺序排队。

在中西方跨文化交际场合的对比中会发现，英语国家绝对不允许人们在公共场合与他人交谈时大声喧哗，虽然在中国也有这样的约定，但是中国在社交场合时对人们音量的要求明显比英语国家要宽松很多。这一点在国人去英语国家旅行时会表现的差别特别大。

除此之外，还有一些跨文化交际的社交礼仪特别有趣，比如在社交场合打喷嚏，虽然这是一种禁忌的社交行为，但是如果发生在英语国家的社交场合则需要要用纸或手绢捂着鼻子转过身去，然后还要说一声抱歉（Excuse me），而这时周围的人会说一声“上帝保佑你”。西方国家这一社交礼仪的形成与十四世纪欧洲流行黑死病相关，英语国家的人们普遍认为打喷嚏的人说“上帝保佑我”（God bless me），在场的其他人说“上帝保佑你”（God bless you）会消灾祛病，使大家身体安康。

2. 习俗禁忌

非言语禁忌除了上述的社交场合禁忌之外还包含着传统习俗禁忌，这些传统习俗禁忌具体表现在节日禁忌、饮食禁忌和礼品禁忌几个方面。

由于中西方文化背景的差异，中西方中还存在着不同的节日禁忌，这一点在跨文化交际场合尤其要引起注意。

世界上每个国家或民族都有自己的节日，几乎在各种文化中都会庆祝新年，但具体到各文化系统又有各自独特的传统节日，如中国的春节、西方的圣诞节、伊斯兰民族的古尔邦节等等。不管是共同的节日还是各自传统的节日，人们都怀着不同的心情和愿望来庆祝它们。当然，在人类的各文化系统中也存在一些节日是让人悲痛的，如西方的耶稣蒙难日。但是不管是在哪种节日里，人们在过节时又不得不对自己的某些言行加以约束，以防不当的言行破坏了节日的气氛，带来晦气，冲走好运。因而各文化系统都有相应的节日禁忌，这些节日禁忌在不同的文化背景中又有所差别。

圣诞节是西方的大节日，而圣诞节的禁忌主要与圣诞布丁有关。英美等西方国家在圣诞节时做布丁就如同中国人过春节包饺子，都有祈求吉祥的寓意。在英语国家中，搅动圣诞布丁能使自己在未来的一年中万事如意。因此，在做圣诞布丁时，家庭的每个成员都至少要搅动一下布丁，并许下一个心愿，并相信这个心愿极有可能实现。但禁忌是搅动布丁只能按顺时针方向，不能逆时针方向，并且自己许下的愿望不能告诉任何人，否则就不会为自己带来好运。

元旦是中西方国家都会庆祝的节日，但是毫无疑问的是西方人比中国人更加重视这一天，英美等西方国家的人们在这一天言行格外留神，以确保在新的一年中会有好运气。西方国家的人们普遍相信在元旦这一天的第一个访客会决定这一年里是不是会有好的运气。具体地说他们认为如果第一个拜访者是黑发的陌生人，那么这一年都会特别顺利，如果第一个访客是黑发的朋友或熟人也是十分幸运的。但如果是红发或者是长着斗鸡眼的陌生人，则会为全家带来霉运。除此之外，西方国家还存在着一个说法，即第一个来访者如果是女人也会被视为不祥之兆。

在中西方的跨文化交际中除了存在不同的节日禁忌以外，还存在着不同的饮食禁忌。由于每一个国家或民族都形成了自己独特的饮食文化，所以饮食禁忌便成为饮食文化中的重要组成部分。这种饮食禁忌既包括饮食的内容，即忌吃哪种食物；也包括饮食方式，即进食时忌讳某种行为或方式。具体而言，如伊斯兰教徒忌吃猪肉，印度教的教徒忌吃牛肉，佛教徒忌食用荤食。除此以外，中西方的饮食礼仪规则也存在差别，如西方人用刀叉吃饭，东方人用筷子，还有的民族如阿拉伯民族用手抓饭吃，并且西方人进食的时候忌刀叉出声，中国人的饮食场合也忌用筷子敲打盘子或饭碗。

在餐桌礼仪方面，中西方也存在着较大的差异，比如中国人招待客人时，一般都准备了满桌美味佳肴，不断地劝客人享用，并且一定会谦虚地说："薄酒一杯，不成敬意。"而且主人一般一定会为客人夹菜，中国人认为这样可以令客人感到"宾至如归"，表达对客人的亲切与尊重。但是这种做法是不符合西方人的餐桌礼仪的，西方人请客吃饭，菜肴一般不会特别复杂，而且经常以数量不多的蔬菜为可口的上等菜，而且，在用餐时主人通常会说："Help yourself to some vegetables，please．"他们认为让客人自便是对客人的尊重。

除此以外，中西方接受别人的食物的礼仪也存在一定的差别，当别人问是否要吃点或喝点什么时（Would you like something to eat? / drink?），中国人通常要客气地回答："不用了""别麻烦了"等，被视为礼貌的说法。但是在英语国家人们若想要就说声"Yes, please."，不会客气的推辞；如果不想要，就会礼貌地回答说"No, thanks."这些都是由于中国人含蓄内敛的文化和英语国家坦率直接的文化的差别造成的。另外，由于中国人非常重视客套，在受别人邀请吃饭聚会时，他们习惯说声"不"（"No"），对应西方文化中的"Please offer me again"的意思，但对英语国家的人来讲，这是明显的拒绝邀请的表示。为此，不少中国留学生在美国家庭做客时，不得不付出饿肚子代价，更严重的是他们会以为美国人太不够意思。反之，由于中国人有好客的习惯，在饭桌上请别人吃东西时会一直劝对方不停地吃，直到"逼"得对方吃下去才肯罢休，这种"强迫"式餐桌礼仪令美国人感到十分困惑，这些都与中西方的文化差异相关。

在跨文化交际中，除了节日禁忌、饮食禁忌的差异，礼品禁忌的差异也是非常值得注意的。

在跨文化交际中，各国人民都有送礼的习俗，但送礼一定要得当，要充分了解各文化系统中的礼品禁忌，如果不注意了解这些禁忌，就很有可能弄巧成拙，甚至会产生"善意的冲突"。

在英语国家中，朋友同事之间忌送重礼，因为花费较多送重礼可能被认为是一种贿赂行为；另外，重礼意味着还礼时也要重礼，但他们没有这种习惯，也不想这样做。其实在中国文化中，也有这样的认知，尤其是在当下的时代文化背景下，全社会都在提倡这种做法。

送花是各文化系统中都存在的礼品习俗，但是由于不同的鲜花在不同的文化背景中寓意不同，所以在进行跨文化交际之时，一定要对这些内容有所了解。首先，在英语国家中送花忌送双数，因为双数的花会招来厄运。另外送花忌送白色的花，如白色的百合花等，因为白花被看作是厄运的预兆或死亡的象征，给医院的病人送花尤其忌送白色或红白相间的花，在中国文化中也有类似的禁忌。值得注意的是在英美等西方国家，每种花的颜色代表的寓意不同，如红色花象征生命力和炽热的爱情，粉红色的花象征忠诚的爱，橘黄色象征蓬勃和朝气，紫色象征敬意和良好的祝愿，黄色花象征轻蔑，白色花象征死亡等等，在进行跨文化交际时，一定要送表达相对应寓意的花朵，切忌随意送花造成不必要误解。

对于接受礼物的礼仪，中西方也呈现出很大的差异。比如中国人在接受别人的礼物时往往要推辞一番，表现得是被动地接受，接受后一般不允许当面不打开，以示对对方的尊重。而在英语文化中，人们对别人送的礼品则必须要当面打开称赞一番，以示对对方的感谢。

最后我们还应注意无论在中方还是西方送礼一定要有缘由，并且要在礼物中含有相对应的吉祥寓意。比如在英语国家中，人们通常在婴儿出生、个人生日、男女结婚、相互拜访、重要的节日等情况下送礼，中国人也有类似的礼俗。

第二节　跨文化言语交际

就交际途径而言，跨文化交际可分为跨文化言语交际和跨文化非言语交际两类。言语交际成为跨文化交际研究的核心内容之一的主要原因是言语与文化的紧密关系，同时言语交际也是跨文化交际最重要的方式，言语的使用遵循一定的文化规则，言语的使用范畴制约着人们对周围世界的感知方式，从以上我们可以看出，言语是文化的载体，是交际的工具，言语体现着特定的文化内涵。

对汉语教师来说，最重要的是跨文化的言语交际及教学目标的培养，因为这两者都是培养学生跨文化交际能力一种体现，同时，理解言语交际的跨文化差异和文化的关系显得的格外重要。

一、言语与文化

在此之前人类学家就已经开始关注言语的文化之间的关系了，最开始是由德国人类学家洪堡提出的“世界观”。

洪堡认为：言语之间存在的差异其实并不是发音和文字样式的区别，更重要的是对于世界观的认知不同。

还有美国人类学家萨丕尔和沃尔夫对言语和世界观、文化思维方式等，各种方面做了更全面的诠释，还提出了著名的萨丕尔—沃尔夫假说。

美国著名人类学家博厄斯的学生萨丕尔，在跟随老师学习期间表现优秀，主要的研究对象是北美印第安人的言语，他认为，文化上的重要性是物质环境中的事物在起着影响主导作用，萨丕尔试图找出言语中词汇的分类与人们的物质生活和社会环境的关系。

萨丕尔认为词语的分类主要是由于人们对周围世界的兴趣和感知程度。针对兴趣和感知萨丕尔对此进行了研究和调查，结果显示，居住在美国西南部高原的印第安人的言语对峡谷的分类和命名是十分详细的，印第安人对峡谷的分类主要是：半圆峡谷、带溪水的峡谷、空峡谷、圆形峡谷等，从侧面我们不难看出峡谷对于印第安人的生活具有十分特殊重要的意义。

萨丕尔明确指出："人们并不仅仅生活于社会活动的世界之中，而且处于已成为该社会表达手段的某种特定言语的严格控制之下。"

萨丕尔的学生沃尔夫，在研究语法之前是一位保险公司的火灾理赔员，偶然一次在工作中发现引起火灾的行为主要原因是人们对事物名称的误解造成的。

有一次，工地上的工人把烟头丢进上面写着"empty"的汽油桶中，造成火灾，沃尔夫的出结论：人们主要会对那个上面写着"empty"的汽油桶丢烟头，因为这个单词表示的意思是不存在，但是实际上汽油桶中还是会存有汽油残渣的，是由于人们对语法的错误理解或者说是不严谨的理解，沃尔夫的例子说明了言语和思维行为之间的确是存在密切的关系，并不是单一存在的。

沃尔夫发现英语和印第安人的霍皮语（Hopi）对于时间和空间有不同的表达方式。沃尔夫根据霍皮语的使用和英语的使用进行了对比，发现英语把时间划分为过去、现在和将来，时间看成是可数的普通物体。霍皮语则把时间看成是一个不可数的连续发生的事件。

沃尔夫对于这个发现，得出了一个结论，时间和事物的概念不是所有人的经历决定的，其实是他们所使用的言语的一种特点。沃尔夫也强调："世界表现为万花筒式的各种各样的感觉和印象，这些必须由我们的头脑来组织，而这意味着这些大致上是由我们头脑中的言语系统来组织的。"

通过老师萨丕尔和学生沃尔夫两人对印第安人言语的研究，他们得出了著名的观点：言语不仅表达和反映了思想，而且还塑造了人们的思想和世界观。

言语决定论就是由萨丕尔—沃尔夫通过强调言语对于思维的决定性作用，而提出来的学说。后来许多学者都试图证明这个强式假说的正确性，遗憾的是，言语决定人们思维的假设迄今也没有得到证实，但是也没有出现推翻这种假说的反证

沃尔夫后来指出言语影响人们对世界的态度行为和感知能力，并不是起到决定性作用，言语只是一个形象作用。这个经过修正的弱式假说后来又被称为"言语相对论"，言语相对论是提出言语与文化相互影响的观点。

萨丕尔—沃尔夫假说的主要含义：每个人所使用的言语结构影响不同人感知和理解世界的方式；不同的言语和不同的方式是感知和划分现实世

界的主要因素；对于不同地区说不同言语的人对世界的感知是不一样的。

跨文化交际领域的很多学者都采纳了萨丕尔—沃尔夫的言语与文化相互影响的观点，萨丕尔—沃尔夫的理论对跨文化言语交际的研究有很大启发。虽然没有人可以证实它的正确性，但是随着时间的检验，已经逐渐被大家认可。即相信言语和文化是相互作用的，不同的言语模式会导致人们对世界的认识的不同。

二、言语与价值观

言语与文化关系密切的关系，早在很久之前Agar（1994）就认定文化存在于言语中，虽然言语中充满着文化，但是由于文化的发展比言语的变化比较快，所以我们在一般情况下主要看到是言语反映的是文化，而并没有看到文化反映言语。在后来的关系中，第二教育家Kramsch（2000）将言语与文化的关系概括为：言语象征了文化、言语表达了文化、言语体现了文化三大类别。

每种言语中都存在着大量的格言、警句和俗语。言语与文化的关系最直接的表现是这种文化价值取向的直接表达，通过了解这些语句，可以了解言语表达了人们对世界的看法、态度和价值取向。个体主义和集体主义是两种不同的价值取向。

我们从以下世界各地的谚语中就可以看到不同文化的人们是如何看待个人与集体的关系的，离开羊群的羊会被狼吃掉（土耳其），当蜘蛛网连在一起的时候可以困住一头狮子（非洲），十指抱拳力千斤（中国），在团体中当傻瓜也比一个人有智慧好（墨西哥），站在你自己的两只脚上（美国），即使是在天堂，只扫门前雪（德国），一个人独处也不好（以色列），出头的钉子被砸下（日本），自助者上帝助之（美国）等。

关于言语在人们日常交际中的使用，各国之间是有区别的，中国和日本的文化都属于高语境文化，讲究“此时无声胜有声”的意境，美国文化是低语境文化，重视直接的言语表达。

所以我们可以看出中国、日本和美国的格言、谚语表达了不同的态度和价值取向。中国、日本文化和美国文化在以下的格言和谚语中完全可以体现出言语交际方面的不同态度。好茶不怕细品，好事不怕细论（中国），沉默是金（日本），沉默是傻瓜的美德（美国），吱吱作响的轮子得到润滑油（美国）。

汉语和英语中都有格言或谚语表达时间观念、奋斗观念、健康观念等，说明不同文化的人们会分享一些共同的价值观。

虽然很多不同文化的格言和谚语表达了不同的价值取向，但是也有很多不同言语中的格言、谚语表达了相似的价值观，有志者事竟成。Where there is a will，there is a way. 活到老学到老。Man is never too old to learn. 一寸光阴一寸金。Time is money. 早睡早起身体好。Early to bed and early to rise，makes a man healthy，wealthy and wise.

三、语义和文化

在语言的各要素中，词汇对跨文化交际的影响很突出，语言的功能之一是表达意义，不同语言和文化的人们进行跨文化交际时，所说的词汇与文化的关系也是比较密切和直接的。语言还是会受到文化和语境的制约的，所以说语言的含义不是作为一个具有普遍性的因素存在的，可能会因为对词语含义的误解而产生交流的障碍。

由于文化和语言的不同，因此会造成许多笑话，下面的内容就是因为文化和语言的不同，所造成的笑话。香港牙医的广告“用最新的方法拔牙”翻译为英语时译成了“Teeth extracted by the latest Methodists”（由最新的卫理公会教徒拔牙）。一则英语广告“Things come alive with Pepsi”（喝百事可乐令您生机勃勃）翻译成德语，意思变成了“Pepsi can pull you back from your grave”（百事可乐可以让你从坟墓中复活）。英语中的“The spirit is willing but the flesh is weak”（心有余而力不足）这样一句谚语译成俄语，意思变成了“The vodka is good but the meat is rotten”（伏特加酒很不错，但肉已腐烂）。

造成跨文化交际中的误解的是附加意义，并不是人们一般情况下所理解词语的概念意义，通过以上的笑话，我们可以得结论就是词汇的意义有很多层次，并不是单一存在的。

英国语义学家Leech为了方便大家对语言意义的理解一共把语言的意义分成七种类型：概念意义、主题意义、搭配意义、感情意义、内涵意义、联想意义、风格意义。经过后开检验，及更多学者的参与，现在学者把语言的意义简化为：“内涵意义”（connotation）和“指示意义”（denotation）两种。内涵意义包括了风格意义、感情色彩、联想意义、象征意义等成分。指示意义即词典上写明的意义，往往也是概念意义。一般来说，内涵意义是附加意义，会随着时代的发展和语境的变化而变化，具有不定因素在其中，往往是特定文化中约定俗成的，具有多样性和复杂性。词汇的指示意义含义比较客观也比较稳定，是对客观事物或事件的命名和描述，通常不会影响跨文化交际中意义的传递和理解。

关世杰（1995）根据词语的指示意义和内涵意义又一次把跨文化交际中使用的词汇分为五种情况：冲突词汇、全空缺词汇、平行词汇、半空缺词汇、重合词汇。他认为半空缺词汇和冲突词汇中容易成为跨文化交际的障碍，主要原因是那些指示意义相同而内涵意义不完全相同甚至截然相反的词语引起的障碍。他认为重合词汇、平行词汇、全空缺词汇都不会引起跨文化交际中的误解。

汉语中的“华表、旗袍、端午、禅宗、孝顺、中庸、忠恕、风水、阴阳”等都是全空缺词汇，都是体现中国文化特点的词语。全空缺词汇反映各国文化特征的所谓“文化词汇”，具有特定的丰富含义，虽然这些特殊的“文化词汇”比较难理解，所表示的概念也是原来汉语中没有的，很难在其他语言中找到对应的概念和词语，比如英语中的“三位一体、圣灵、原罪、救世主、天堂、二十二条军规”等词语翻译后也难以准确传达其内涵意义，但一般不容易引起歧义，所以基本不会造成跨文化交际的误解。

既然全空缺词汇不会对跨文化交际造成跨文化交际，那么就剩下半空缺词汇和冲突词汇，这两个词汇是最容易造成误解的词汇，因为它们是象征意义或感情色彩不完全相同甚至完全相反的词语，最容易造成跨文化交际误解。

主要原因是它们的概念意义相同，比如“政治、宣传、发福、个人主义、妥协、隐私、地主”等词语在汉语和英语中有不同的内涵和褒贬色彩。所以对语言的使用还是以文化背景为主要理解条件。

三、敬语和谦辞

敬语在很多国家的语言中，人们会根据对方的辈分、年龄、地位及与对方的亲疏关系来选择适当的敬语，由此可以看出对于敬语的运用，不是一般语言交流可以替代的，是非常重要的礼貌手段。

很多西方语言中的第二人称单数也有正式和非正式的区别，类似于汉语中“您”和“你”的区别，德语中的“Sie”和“Du”，西班牙语中的“usted”和“m”，法语中的“vous”和“m”，前者都是敬称。但是英语的第二人称没有专门的敬语形式，用“you”称呼所有的人。

中国人最常使用的敬词是“您”，汉语中古代中国对于尊敬的说法有：“君、贵校、府上、令爱、足下、贵姓、光临、高见、大作、贤弟、阁下、仁兄、令堂、指教、关照、拜访”等。

中国人对别人使用敬语，顾日国（1992）认为，贬己尊他人是中国人重要的礼貌准则之一，所以在对别人使用敬语时，对自己使用谦辞。汉语中的谦辞有“拙见、敝人、寒舍、贱内、小女、在下、犬子、家父、拙著”等。

目前国内对于一些敬语和谦辞在现代生活的日常交往中不再频繁使用，但是受过良好教育的人之间还会使用，在一般的书信中和正式场合中都会用到，如何使用敬语和谦辞反映的不仅是礼貌问题，还是一个人文化素养的问题，使用不当会带来尴尬和误解。“贱内”是谦辞，是丈夫称自己妻子时的谦称，又一次一位女明星曾在微博上称自己为“贱内”，被网友挑出毛病，因为“贱内”这个谦辞不是用来称呼自己的。“家父”是对自己父亲的谦辞，一位电视节目主持人曾经在一个访谈节目中用“家父”来指称嘉宾的父亲，就引起了观众的议论。因为“家父”是对自己父亲的谦辞，称呼对方父亲时应该用“令尊”。

影响中国人选择敬语的重要因素是权力和距离，在中国对于辈分、年龄、职位比自己高的人一般要用“您”相称，孩子对父母说话要用“您”，学生要对自己的老师称呼“您”等。

对于敬语的使用韩国人在使用敬语方面有更严格的等级观念，同辈的学长、同学的哥哥姐姐，只要是他们对年龄比自己大的人一律使用敬语，在中国经常会有这种事情发生就是，有的韩国留学生曾抱怨中国学生对于学长不够尊重，因为他们没有用“您”来称呼学长。

影响欧洲人使用敬语的一个重要因素是亲疏关系，西班牙人对陌生人通常都会使用第二人称的敬语形式“usted”，只有当对方提议用“m”来称呼自己时，才改用非敬语形式，他们在使用敬语时不考虑对方的地位高低或年龄大小。

汉语学习者的难点是汉语敬语和谦辞的使用，汉语教师在跨文化交际中要做到以礼待人，了解自己国家文化使学生避免在使用时出现错误。了解所任教国家敬语和谦辞使用的场合和对象，提高他们的汉语交际能力。给汉语学习者讲明汉语中敬语和谦辞的用法和语境，显示良好的文化修养。

四、禁忌与委婉语

禁忌是人类社会普遍存在的文化现象，了解不同文化中的禁忌，可以深入理解不同文化，人们在隐私、生老病死等许多方面多有避讳，婉语可以避免在跨文化交际中出现不必要的误会，因此产生了大量委婉语，相应的委婉语可以理解不同文化的价值取向。

（一）关于疾病和死亡

关于死亡，疾病和排泄等方面很多文化都有忌讳，需要用委婉语来表达，对死亡汉语的委婉语有“就义、去世、逝世、永诀、牺牲、故去”等。在英语中则有“rest in peace、pass away、join the angels、depart this life、go to heaven”等委婉表达。

关于疾病方面，英语经常使用缩写字母来代替，名称以委婉为目的，用“VD”表示性病，用“BigC”表示癌症，用“TB”表示结核病等。汉语对身体残疾和缺陷也有很多委婉的表达，如“谢顶”代替“秃顶”、“盲人”代替“瞎子”等。

（二）关于性话题

不同文化避讳的内容并不完全相同。在中国文化中“性”是一个禁忌。在美国文化中，人们往往不避讳直接使用与“性”有关的词。

在汉语的日常交际中人们避免直接使用与“性”有关的词语，汉语中一般用“同房”或“夫妻生活”来代替“性生活”。“性”在中国文化中是一个禁忌话题，中央电视台在一次介绍文艺复兴时期米开朗琪罗的著名雕塑作品《大卫》时，表达时就是使用委婉词，而且特意给裸体像的下身打了马赛克。“sexy”在英语中基本上是个褒义词，但是在汉语中人们很少用“性感”来形容别人。在英语中说一个人“sexy”，是赞扬他（她）的魅力。

（三）老、肥胖话题

美国文化崇尚年轻、活力和变化的价值取向，对“老”这个词是美国文化中另一个避讳的词，“老”应该用“the elderly”“senior citizen”来指称老人。使用“old person”来指称老年人是一种不敬，可是在汉语里，“老”是人们对学识渊博、德高望重的长者的尊称，表示一种熟悉和亲近的关系，与“老”相关的词语大多含褒义。把熟人和朋友称为“老张”或“老李”。“老马识途”“老骥伏枥，志在千里”“老当益壮”等说法都是对老人的赞扬。

在中国文化中，人们并不避讳说“胖”，在英语文化中“胖”则是禁忌词。如果形容一个人胖，中国人一般会“你最近发福了”或者“你最近胖了”等，有时也会用于见面寒暄语，即使是现在人们仍然这样问候熟人或朋友，没有任何的恶意或冒犯。

英美人在交际时，不会使用“fat”来形容对方，要用“overweight”来代替。人们不希望肥胖，因为超重和肥胖已经成为西方发达国家较为严重的社会问题，因此“fat”就成了避讳的词语。

违反了禁忌会给人留下不礼貌的印象，一位中国教师在汉语课上对美国学生讲解“发福”这个词时说：“‘发福’在英语中的意思就是‘fat’。”美国学生不理解“发福”在汉语中的内涵和使用意境，误以为说别人“发福”是非常没有礼貌的，主要原因是这位老师没有意识到“fat”在英语中的内涵具有贬义色彩。

在美国课堂上描述一个人时说：“That person is fat.”时学生的表情是非常吃惊。如果形容一个人很胖，应该是“That person is big”，直接使用“fat”这个词描述别人不合适。所以了解各国的语言禁忌和委婉语对跨文化交际有重要意义，

五、语用与文化

了解不同文化的语用特点和规则是避免跨文化交际中的语用失误中的重要方法，语言除了表达意义以外，还有用来实施行为的功能。不同文化的语用规则是有差异的，体现为语言使用的规则受到文化的影响，体现为语言表达的文化内容等诸多方面。

（一）礼貌原则与策略

人们说话需要遵循合作原则，讲究礼貌是各文化中的普遍现象，在影响语用规则的众多因素中，有的时候为了维护礼貌原则，人们甚至可以牺牲合作原则。礼貌起着维护交际双方均等地位和促进友好关系的重要作用，由此可见礼貌原则是非常重要的。

利奇（Leech）指出礼貌原则包括这些准则：同情准则、得体准则、一致准则、慷慨准则、谦虚准则、赞扬准则、

中美回答称赞方式的不同，反映了不同文化对于礼貌的各项准则的重视程度不尽相同，中国人遵循的是谦虚准则，美国人遵循的是一致准则。虽然人们都普遍遵循礼貌原则，中国人对于别人的称赞回答“哪里哪里”，而美国人则回答“谢谢”。地中海国家重视慷慨准则，不太重视谦虚准则，操英语的文化社团重视得体准则，东方有些文化社团比西方国家有更重视谦虚准则的倾向。

顾日国指出了中国人五条礼貌准则：称呼准则、德、言、行准则、贬己尊人准则、求同准则、文雅准则。提出了中国人礼貌的四个特征：尊重、谦逊、热情、文雅。礼貌与面子的观念相关，在这些礼貌准则中，贬

己尊人准则是中国人最重要的礼貌准则。

布朗（Brown）与列文森（Levinson）看来，面子是一个人在公众面前努力获得的个人形象。每个交际参与者都有两种面子需求：积极面子和消极面子。他们认为，积极面子是指希望得到别人的尊敬、欣赏、喜爱、赞同等；消极面子是指希望自己的行为不受别人的干涉、阻碍，不希望别人强迫自己，有自己选择行动的自由。说话人采取礼貌策略来减轻某些交际行为给听话人的面子带来的威胁，因为许多言语行为在本质上是威胁别人面子的。礼貌策略的使用程度受到三个因素的制约：言语行为的强加程度、说话人与听话人之间的社会距离、说话人与听话人之间的权力距离。

布朗（Brown）与列文森（Levinson）和利奇（Leech）都是在试图说明礼貌原则和礼貌策略具有文化的普遍性，他们专著的书名就是《语言使用的普遍性：礼貌现象》（Politeness：Some Universalsi Language Usage）。

在强调平等的文化中，社会距离可能是影响礼貌策略使用的主要因素。在等级观念比较强的文化中，权力距离是影响人们使用礼貌策略的最重要因素。虽然一样，但是对于影响礼貌策略的三个因素，不同文化的人们对于权力距离和社会距离的理解和重视程度是不同的。

（二）称呼语

称呼是语言交际中最频繁出现的言语行为，布朗（Brown）与福特（Ford，1964）把美国英语中的称呼形式划分为三类：一方称名，一方称“职衔+姓”；相互称“职衔+姓”；相互称名。在大多数文化中，使用“职衔+姓”都是礼貌并且正式的称呼形式。在社会交往中使用亲属称谓反映了家庭关系在人际交往中的重要性，是大多数集体主义文化的特点。

对别人使用得体的称呼是礼貌的基本要求，亚洲的很多其他国家都有亲属称谓泛化的倾向，如中国、韩国、泰国、越南等也有类似的特点，称呼也反映了不同文化的人们对社会关系的理解。相对而言东亚国家使用“姓+职务”的称呼形式较为频繁。中国人往往根据对方的辈分、年龄和场合来选择合适的亲属称谓。中国人在社交中经常使用的亲属称呼有：“爷爷、奶奶、大伯、大娘、叔叔、阿姨、大哥、大姐”等。中国的称谓语分为七类：职业称谓、亲属称谓、姓名称谓、职务称谓、人名称谓、通称、不称。在跨文化交际中存在较大差异的是职务称谓、姓名称谓、泛亲属称谓。称呼语分为面称和叙称两种，不同的文化在称呼的使用方面具有不同的特点。

在英语国家，孩子对于父母的朋友，孩子可能会使用“Uncle+名”或者“Aunt+名”的形式来称呼，但是亲属称谓很少在社交场合使用，美国人在地位相同或不同的人之间都倾向于互称名字，“老”在西方文化中是一个比较忌讳的概念，所以对老年人直接称呼“爷爷、奶奶”的情况也很少见。英国人在称呼方面更正式一些，对老年人和社会地位高的人经常采用“职衔（头衔）+姓”的称呼方式，他在西方国家如法国和德国也比较喜欢使用正式的称呼。

（三）称赞语

称赞语在语言形式上是高度格式化的。它的功能包括打招呼、感谢、表示抱歉、引出话题等。称赞的主要功能是建立良好的社会关系。在跨文化交际中，是人际交往中一个重要的言语行为，称赞语是使用非常频繁的言语表达，称赞对象、内容回答方式等都有跨文化的差异，使用不当会造成尴尬或误解。

根据研究英语称赞语中出现最多的五个形容词“nice、good、beautiful、pretty、great”，其中，“nice”和“good”占这五个词出现频率的42%。根据贾玉新的调查，中国人很少使用类似于英语的第二种句式这种形式来表达称赞，但是汉语称赞语的主要句式与英语相似，所不同的是用“我喜欢你的”方式来称赞别人的物品，对这样的称赞，中国人也很可能会以为是一种间接的请求。例如：甲：“我很喜欢你帽子”。乙：“好看吗，那送给你吧。”

从上面的称赞语中我们可以看出主要是对称赞语的使用频率、对象和内容等方面，其中美国对称赞语的使用频率远远高于日本，在称赞语方面日本主要是对对方的才能和表现方面的称赞，美国人主要是外貌和个人品质等方面的称赞。但是美国人称赞外貌不是评价别人的长相，大多是称赞衣着打扮的变化。称赞行为中最大的跨文化差异体现在对称赞语的回答方式上，英语国家的人一般采用接受的方式，回答“thank you”，中国人常常进行否定，回答“哪里哪里、不敢当、过奖了”等。

第三节　跨文化非言语交际

由于跨文化交际中的大部分信息是靠非语言行为传递的，了解特定文化中非语言行为的含义和规则，非语言交际行为是产生跨文化交际误解和冲突最多的领域之一。

跨文化交际中，受到语境的影响，人们不仅使用语言，还使用非语言行为来进行交际，因此非语言交际也是跨文化交际研究的中心内容。非语言行为包括对时间和空间的利用，包括眼神、手势、表情、触摸等肢体语言。[①]由于非语言交际具有模糊性和文化规约性，但是它有助于提高跨文化交际的有效性和得体性及增强跨文化的敏感性。

一、什么是非语言交际

非语言交际和语言交际都是跨文化交际的主要形式，是人类交际的重要组成部分。通过以下几种比较有代表性的定义帮助我们来理解非语言交际的特点。非语言行为：通过有意和无意的编码与解码进行多种交际渠道的行为。非语言交际：一切不使用语言进行的交际活动。对环境利用形成的非语言刺激，涉及所有交际情景中发出者自己生成的非语言交际，刺激发出者或接受者的潜在信息价值。

以上定义强调了非语言交际的特点，非语言交际具有互动性，非语言交际不包括语言，非语言交际是在特定情景中产生的，包括各种非语言的交际行为，非语言交际可能是有意的，涉及信息的发出者和接受者的编码和解码过程，也可能是无意的，与语境有密切的关系。

非语言交际与跨文化交际密切相关，一般认为，主要有四类。

（一）身体语言，包括身体接触、面部表情、眼神交流、手势、姿势、外貌服饰等。

（二）伴随语言，包括话轮转换、语速、音量、音高等。指的是伴随语言发出的没有固定语义的声音。

（三）时间学，人们对最后期限、准时、计划性、预约等问题的看法和处理方式等。指的是人们如何对待和使用非正式的时间。

（四）空间利用，包括家具排列、座位安排、人体距离、个人空间等方面。

二、非语言交际的特点

（一）非语言行为可能是有意的，也可能是无意的

非语言行为中有些明确意图，有些只是生理反应或个人习惯。在跨文化交际中，有时候非语言行为是无意的，往往会产生误解，这种情况一般是无意的非语言行为被理解为有意的行为时才会出现。

① 陈国明.跨文化交际学［M］. 上海：华东师范大学出版社，2009。

外国人常常误以为中国人说话音量大是在吵架，其实是中国人习惯大嗓门说话。人们面带微笑来表示友好和亲切，佩戴首饰来体现自己的品位和时尚，这些基本都是有意识的非语言行为。

（二）非语言行为受到语境制约

有些非语言行为在有些语境中是合适的，非语言行为的含义和规则不仅受到文化的影响，还受到语境因素的制约，在进行非语言行为交流时，应该考虑具体的语境，语境因素包括交际双方的社会阶层、地位、教育程度、性别、年龄、个人爱好和性格等。

理解不同文化的非语言行为的特点时，不能做过度概括，西方文化强调准时，但是社交聚会时的迟到却是容易接受的。西方人见面喜欢拥抱和亲吻面颊，但是男性和男性之间的亲吻却是禁忌。

（三）非语言行为具有文化规约性

每种文化的非语言行为都有特定的含义和规则，它的含义受到特定文化的影响，也就是说，非语言行为与意义之间没有必然的联系。西方文化中，耸肩的动作表示“无可奈何”或者“我不知道”的意思，在亚洲文化中，很少有人做这个动作，这个动作也没有特别的含义，

非语言行为在一种文化中是得体的非语言行为，到了另一种文化中却可能会变成冒犯，非语言行为具有文化规约性。在泰国等佛教国家，触摸头部却是一种严重的冒犯，在中国，长辈常以摸孩子的头来表示喜爱和鼓励。

（四）非语言行为具有模糊性

非语言行为可能是有意的，也可能是无意的，当来自两种不同文化背景的人在谈判时，如果一方保持沉默，另一方是很难理解这种沉默是表示赞同，还是表示反对或拒绝的。

所以人们对非语言行为的含义或意图很难确定。由于非语言行为的含义受到交际语境的影响，非语言行为的模糊性给跨文化交际带来了困难，与语言行为的明确性和系统性相比，非语言行为具有模糊性。

三、非语言交际的功能

不少学者强调，大部分的交际信息是通过非语言行为传递的，非语言交际是交际中不可缺少的组成部分，非语言交际不仅具有以上特点，还具

有以下这些重要功能。

（一）传达真实的内在感情

当语言交际和非语言交际同时发生的时候，非语言交际具有强大的情感力量。人们往往通过非语言行为来表达内心的感情和态度，语言行为表达的是内容，非语言行为表达的是态度和与别人的关系。

人们在面对自己不喜欢的一件东西时，出于礼貌会说“真好看，我很喜欢”，但是他看到礼物的瞬间不经意间皱了眉头，于是对方便能从他的表情中判断出他对这件礼物是否真的喜欢。

（二）进行会话管理

在跨文化交际中，根据行为专家的观察，手势、眼神、表情、谈话距离、沉默等非语言线索都对会话交流起着指引、解释和强化的作用。非语言交际一个重要功能是进行会话管理，不同文化背景的人使用不同的非语言行为来管理会话。

日本人使用沉默、巴西人使用打断别人谈话来管理会话交流时，不同的非语言行为会使双方都感到不愉快。美国总统奥巴马在演讲中喜欢用控制性的手势来强调自己的主张。

（三）营造交际印象

在跨文化交际中，非语言交际的另一个功能是营造印象或达到吸引对方的目的，取得对方的信任，面试时面试者着装、举止是否大方、得体，使交际愉快地进行下去。会给考官留下非常重要的“第一印象”。

人们得体的外表和举止会给对方留下良好的印象，美国历届总统竞选电视辩论会上总统候选人的肢体语言往往比他们说的话影响更大，1992年老布什在与克林顿的电视辩论中频频看手表，给选民留下了不耐烦和不专心的印象。

四、非语言交际与语言交际的关系

跨文化交际的两种主要渠道：语言交际和非语言交际，在很多情况下，语言交际和非语言交际有各自不同的特点，非语言交际与语言交际相辅相成，非语言交际对于语言信息起着重复、补充、代替、规范和否定等作用，它们并不是彼此孤立的，非语言交际的主要功能之一是支援语言交际，非语言行为伴随着语言交际的进行而发生。

（一）补充：非语言行为对语言信息进行补充。你跟朋友做错事情了，你们说“对不起”，流露出不好意思的表情，这种歉意的表情是在强调你想要表达的道歉之意。

（二）规范：非语言行为还对语言交际起着规范的作用。公司老板开会，有一员工把手指放在嘴边示意同事们安静下来。

（三）代替：非语言行为代替语言的表达。交警指挥手势示意司机停车和眼神示意，都是非语言行为代替语言交流的例子。

（四）重复：非语言行为重复语言信息。有人问路你回答，同时你的手也指向西边。手的动作是在重复所说的信息。人们经常一边点头一边说回答，也是非语言动作对语言信息进行重复的例子。

第四节 跨文化交际研究

20世纪60年代，在全球一体化进程的影响下，跨文化交际的现象频发，与此相对应的跨文化交际研究开始兴起并在此后的几十年间迅速发展壮大成为一门独立的学科。那么跨文化交际研究的现状究竟如何呢？本节将对跨文化交际研究的历史、内容、方法以及跨文化交际研究的必要性和意义进行系统的介绍。

一、跨文化交际研究的历史

20世纪70年代，随着全球政治、经济、文化一体化的发展，跨文化交际活动日渐频繁，与之相应的跨文化交际研究诞生，并在此后的几十年间迅速发展成为一门独立的学科。

（一）国际跨文化交际学的诞生和发展

跨文化交际的英文是“Intercultural Communication”，“Intercultural”意为“文化间的”，“Communication”意为“交流”，在全球一体化的语境下取“跨文化交际”的意义。

跨文化交际这一文化现象虽然古已有之，但是其发展成为一门独立的学科是在20世纪50年代末。1959年，美国著名学者霍尔发表了《无声的语言》一书，在这本著作中他首次提出了跨文化交际的概念，在国际跨文化研究学界这一概念的提出被视为跨文化交际学诞生的标志。

20世纪60年代国际跨文化交际研究迅速发展，在此期间，一些非常重要的跨文化交际学著作得到发表，为跨文化交际学科的正式建立奠定了理论基础。其中的代表作分别是1962年奥利弗（*Oliver*）所著的 *Culture and Communication*、1966年*Smith*所著的*Communication and Culture*，等等。

经过几十年的发展，到20世纪80年代一批影响较大的跨文化交际研究著作面世陆续面世，如1989年图米（*Toomey*）与斯特拉（*Stella*）所著的 *Language*，*Communication and Culture*等，这些著作的共同特点是更加关注跨文化交际学的学科理论建构。

随着国外跨文化交际研究著作的发表，一批较有影响的跨文化交际学者陆续推动跨文化交际的学科体系和教学体系的发展。20世纪60年代末，全美国只有5所大学开设跨文化交际学课程。而到了1977年，全美国已有450教育机构开设这门课，有的大学甚至还授予硕士和博士学位。美国的跨文化交际研究专业的学术期刊开始发行，专业的跨文化交际研究组织成立，并定期组织开展学术研讨会议，以促进跨文化交际研究成果的推陈出新。如定期出版的《国际和跨文化年刊》《跨文化国际期刊》《跨文化心理期刊》《交际年刊》《言语与交际》《言语交际西方季刊》以及《人类交际研究》等等。这些刊物所刊载的论文、调查报告以及资料数据无论在质量、数量还是在规模上都直接促进跨文化交际研究学者之间的交流。

此外，跨文化交际学研讨会的召开也促进了该学科的发展。1972年，应“跨国与跨文化交际委员会”要求，国际基督教大学交流部于日本东京主办了第一届国际跨文化交际研讨会。此后的几届研讨会分别在韩国首尔、中国台湾地区、美国得克萨斯州、中国哈尔滨与美国亚利桑那等地举办。历届研讨会的成功举办推动了全球范围内的跨文化交际研究的发展。

1974年，跨文化教育训练与研究学会在美国马里兰州召开首届会议，并正式宣布成立。这是跨文化交际学方面最有影响的一个组织。目前这个学会已经发展成为国际性组织，在欧洲设立了分会。它的名称亦相应改为国际跨文化教育训练与研究学。可以说，国际上对跨文化交际的研究几乎涉猎了人际交往的各个方面，包括交际行为与文化之间的互动关系。

（二）中国跨文化交际学的诞生和发展

与国外相比，国内的跨文化交际研究起步较晚。国内的跨文化交际学首先是由外语教学界于20世纪80年代初引入国内的。

1980年，许国璋先生在《现代外语》第4期上发表的题为*Culturally-loaded Words and English Language Teaching*的文章，学术界普遍将这篇文章的发表作为中国跨文化交际学在中国诞生的标志。1983年，何道宽在他的《介绍一门新兴学科——跨文化的交际》(《外国语文教学》1983年第2期)一文中，率先将跨文化交际作为一门学科向国内学者进行介绍，探讨了这门新兴学科的基本内容、理论及其研究成果。此后，《外语教学与研究》《外语学刊》《外语教学》《解放军外国语学院学报·中国跨文化交际学研究20年述评》等学术刊物相继刊登了一系列翻译、综述、评价跨文化交际学的文章。

从20世纪80年代初发展至今，三十多年间跨文化交际研究在我国发展迅速，国内高校陆续设置了跨文化交际的课程。据统计，20世紀80年代我国开设跨文化交际学课程的学校有五所，分别是北京外国语大学、黑龙江大学、哈尔滨工业大学、上海外国语大学与福建师范大学。而到20世纪90年代，我国几乎每所高校的英语专业都开设了跨文化交际课程。

高校设置的跨文化学科推动了我国跨文化交际研究成果的推陈出新。统计从1980年至今，已发表的有关跨文化交际学方面的论文达上百篇之多。而国内的论文最集中论述的是文化与交际的关系、跨文化交际与外语教学、跨文化语用学、非语言交际等。

二、跨文化交际研究的内容

目前跨文化交际研究的主流是理论研究与实践研究并举，它以人际间的沟通行为和文化的互动为研究对象。由于跨文化交际的内涵涉及了跨文化传播的内容，所以跨文化交际的研究内容既包括了不同背景的人们之间的交际，又包含国际文化间的传播。

为了研究上的便利，国际跨文化交际研究学者Rich认为跨文化交际研究的内容应该包含以下内容。

（1）跨文化交际学——探讨来自不同文化的人们互动的关系。例如，中国人和美国人，或韩国人和巴西人之间的互动。

（2）国际传播学——探讨来自不同国家代表人之间的互动关系。例如，联合国里各国代表之间的互动，或日本大使和加拿大总理之间的会谈。

（3）种族间传播学——探讨一个国家或地区内多数和少数民族之间的互动关系。例如，中国台湾的汉族和原住民之间，或美国欧洲族裔人与美国非洲族裔之间的互动。

（4）少数民族间传播学——探讨同一国家内少数民族之间的互动关系。例如，华裔美国人和日裔美国人之间，或中国境内藏族与蒙古族人之间的互动。

（5）逆向传播学——探讨跨文化交际转入种族间传播的过程。例如，哥伦布登陆美洲大陆后，欧洲白人和土著印第安人之间的关系。[①]

里奇（*Rich*）把跨文化交际学分为以上五个领域，内容包含很广，但是某些内容的分类又有一些狭隘。

另一位国际跨文化交际研究学者史都华德（*Stewart*）在《跨文化交际纲要》一文中认为跨文化交际学研究的主要内容应该包括语言和思想形态、文化价值、沟通的互介元素（如同情、移情、情感的表现、人际间互动的知识和人际间的行为）、行动取向、艺术表征、信任、公私之规律、意义和沟通能力。

综合各位国际跨文化交际研究学者对跨文化交际学科研究内容的阐述，可以将跨文化交际学科的研究内容概括为以下几点。

跨文化交际研究的基本概念问题，在跨文化交际研究中，跨文化语境下的文化、交际、跨文化交际的概念的界定是其中的主要内容，因为这几个核心概念的定义涉及了跨文化交际研究存在的必要性与意义。

1. 如何界定跨文化交际研究中文化的概念

文化的内涵虽然包罗万象，但是在跨文化研究领域，最常使用的是主观文化与客观文化、主导文化与亚文化这两组相对的概念。

跨文化交际领域经常使用的对文化进行研究中一组概念是客观文化和主观文化。跨文化交际研究学者斯图尔特与贝内特是这样界定客观文化和主观文化的："客观文化是指文化的社会制度及人工制品。主观文化是指文化的心理特征，它包括观念、价值及思维方式。"[②]其实在跨文化研究中主观文化与跨文化交际的关系更密切。

卡代纳（*Cushner*）与布里斯林（*Brislin*）两位跨文化交际研究学者认为跨文化交际的误解主要出现在主观层面。其实当我们与不同文化背景的人交往的时候，很多交际的障碍甚至冲突都来源于价值观甚至于思维模式的差异，跨文化交际特别关注价值观、信仰和态度等主观文化因素是如何影响跨文化交际的过程和结果的。跨文化交际研究学者伯纳特（*Bennett*）指出了主观文化与跨文化交际能力之间的密切联系，他认为学习他者客观的文化可以增加学识，学习主观文化则可以提高跨文化交际的能力。

---

① 贾岩.跨文化翻译教学中本土化身份重构策略研究［M］.北京：清华大学出版社，2014

② 贾岩.跨文化翻译教学中本土化身份重构策略研究［M］.北京：清华大学出版社，2014

跨文化交际领域另一种常用的文化分类是将文化分为主导文化和亚文化。所谓主导文化是指在一个社会掌握权力的人群所代表或体现的文化。所谓亚文化是指一些群体在分享主导文化的同时又体现出独特的文化特征。比如美国的主导文化是欧洲裔白人所代表的文化，而亚裔、拉丁裔、土著印第安人等所特有的文化则是亚文化。

在跨文化交际研究领域，区分主导文化与亚文化对跨文化交际具有重要意义。因为人们很容易把同一国家、同一民族的人们看作是具有相同文化特征的群体，将跨文化比较主要集中在对不同国家和民族之间的比较上。

例如我们通常会听到这样的说法：中国是集体主义文化，西方是个体主义文化。这种说法虽然具有一定的概括性，但是却忽略了亚文化群体的特征和个体差异，容易对文化产生过度概括，最终形成刻板印象，不利于人们对跨文化间的差异有一个正确的认知。因此我们在跨文化交际的研究中既要把握不同文化的特点，也要关注跨文化间的差异性。

2. 如何界定跨文化交际研究中交际的概念

交际的概念虽然包罗万象，但是在跨文化交际研究中，交际的内涵主要包括以下几个方面。

（1）交际是一种动态的过程。在这个过程中，人们试图通过使用象征符号与他人来分享自己的内在状态。（Samovareta1，2010）

（2）交际是编码和解码的过程，但是这种编码和解码的过程并非单纯的传递和接受过程，而是包含意义的协商和共建。（Gudykunst & Kim，2003）

（3）沟通是双方经由交换符号，来建立一个有相互依赖关系且互相影响的系统。（陈国明，2009）①

以上几种交际的概念从不同侧面概括了交际的本质特征：首先交际是一个动态的过程；其次交际是一种以符号为载体的活动；再次交际是编码和解码同时发生的互动性活动；最后交际包含了意义的协商和共建。

3. 如何界定跨文化交际的概念

跨文化交际作为跨文化交际研究中的核心概念，虽然不像文化和交际那样难以界定，但是学界对于跨文化交际的理解也是众说纷纭。简单地说跨文化交际就是指来自不同文化背景的人们相互交流、互相影响的过程。

① 祖晓梅.跨文化交际［M］.北京：外语教学与研究出版社，2015

当然其中的不同文化背景可以是不同地区、不同民族、不同宗教、不同性别等等。互相交际可以指两个人之间面对面的交流，也可以指两个群体之间在政治、经济、文化上的沟通；这种交际可以是日常生活中的非正式交流，也可以是学习、工作场所的正式交流。由此可见，如何界定跨文化交际这个基本概念是跨文化交际研究中最重要的研究内容之一。

除了文化、交际和跨文化交际这三个核心概念之外，还有一些基本概念在跨文化交际研究中也十分重要，如文化身份、交际风格和文化调适等。

（二）比较文化研究

比较文化研究在跨文化交际研究中也占有十分重要的位置。由于具有不同文化背景的人在进行跨文化交际的过程中会自然而然进行不同文化间的比较，比较文化研究成为跨文化交际研究中非常重要的内容板块。这部分内容与不同文化间的交际者的关系也最为紧密，因而具有非常重要的实践意义。具体而言如不同性别间的比较文化研究、不同国家文化间的比较文化研究等等。

1. 不同性别间的比较文化研究

由于受到结构主义思潮的影响，不同性别间的比较文化研究成为跨文化交际研究领域的研究内容之一。由于两性在生理上存在差异，这导致两性在社会分工中必然存在差异。在社会分工中形成的主流文化认知是男人应该在社会上努力拼搏，挣钱养家；而女人则应该在家相夫教子、承担家务。社会分工的差异导致两性承担的社会角色的性格也存在不同，在一些文化认知中男人在性格上应该自信坚韧，女人在性格上应该温柔贤惠。

在不同性别文化占主导的时期中，社会文化也呈现不同的风貌。如在男性化文化占主导的时期中，强调人应该有雄心壮志，敢于竞争，勇于接受挑战，财富的多少和社会地位的高低是衡量一个人成功与否的标准，人们仰慕成功者，唾弃失败者。在女性化文化占主导的时期中，整个社会都强调融洽和谐，更易于同情弱者。在社会地位层面，男女基本平等，角色分工并不明显，教育孩子和操持家务是男女双方共同承担的责任，女性也可以选择从事富有挑战性的工作。

这两种不同的价值取向在家庭、学校和工作场所都有不同的表现。首先，在男性化文化中，男孩和女孩在家庭和学校接受不同的教育，因为他们以后的角色分工不同，男孩常常被教导要敢于挑战，勇争第一，女孩则要文静端庄、温柔贤惠。在女性化文化中，性别间角色的区别比较模糊。

在工作场所，男性化文化鼓励竞争，而在女性化文化的工作场所，团结协作成为默认的原则。

2. 不同国家间的比较文化研究

不同国家间的比较文化研究在比较文化交际研究中的研究成果较多，这是由于其在跨文化交际研究中具有十分重要的实践意义。从现有的跨文化交际学研究成果来看以美国为代表的欧美文化和以中国为代表的东亚文化呈现出不同的文化特征。

在以美国为代表的欧美国家，个人主义文化较为盛行。个体作为社会构成的细胞是非常重要的。在个人主义文化的熏陶下，人们更加崇拜个体主观能动性的作用，他们主张每个个体都应该独立自强，强调个体间权力的平等。在这种文化熏陶下，父母教育孩子从小树立自立自强的思想，并鼓励孩子不畏艰险，勇于挑战，鼓励他们自己做决定，在个人主义文化的熏陶下，以美国人为代表欧美群体大多个性鲜明，敢想敢做。

在以中国为代表的东亚国家，集体主义文化较为盛行。个体作为社会的基本构成要素固然重要，但是集体的力量大于部分之和，故而人们耳濡目染地形成了“集中力量办大事”的观念。集体主义文化在东亚国家的盛行是由于受到儒家和道家思想的影响，儒家和道家的思想都强调集体的和谐，为了维护集体的和谐，个人利益要服从于集体利益。受到集体主义文化的影响，以中国为代表的东亚国家更强调个体间的合作与帮助，但是这种关系久而久之就会出现个体间相互依赖的关系，这种关系不利于个体潜能的发挥，最极端的状况是会出现“木秀于林、风必摧之”的状况。

通过上面的分析可以发现集体主义文化强调整体的和谐，更倾向于鼓励个体间形成合作的关系，客观上会压抑个体个性的释放，所以这种文化的交际方式较为委婉含蓄，更注重交际过程中交际双方的感受；而个人主义文化强调个体潜能的发挥，更倾向于鼓励个体间形成竞争的关系，客观上会激发个体潜能的释放，所以这种文化的交际方式较为直接，更注重交际双方最终达到的交际成果。

三、跨文化交际研究的方法

跨文化交际研究的对象是来自不同文化背景的人们的交际过程，文化又是动态的、变化的、开放的，这无形中增加了跨文化交际研究的难度，如果没有与之相应的研究方法，跨文化交际研究就无法正常进行。跨文化交际研究是在传播学的基础研究之上发展起来的一门新兴学科，如果没有一套成熟的、行之有效的研究方法，那么跨文化交际研究是没有办法得到长远发展的。再次由于跨文化交际内涵的丰富性，跨文化交际研究所涉及的内容也是十分庞杂的，这些都使跨文化交际学成了一门涉及人类学、社会学、文学、传播学、语言学、心理学等学科的交叉学科。

总而言之，对于跨文化交际这门新兴的交叉学科来说，科学的研究方法就显得尤为重要。在国内跨文化交际研究学界，国内跨文化研究学者高永晨在大量实践和研究的基础上总结出五种研究方法，具体包括实证分析法、比较对照法、系统整合法、本质揭示法、追根溯源法，下面对这五种研究方法具体展开论述。

（1）实证分析法。是跨文化交际学研究中最基本、却也是最重要的方法。实证分析法要求研究者重视调查研究在跨文化交际研究中的作用，研究者要从客观的文化现实出发，充分地占有材料，探寻这些形式的内在联系。在进行具体的实证分析时，通常需要经过实地调查研究、统计资料和数据分析、电脑模拟和处理、模式构建等步骤。

（2）比较对照法。是跨文化交际学研究中最常用的方法。比较对照法是指在研究中把具有某种内在联系的两种或种类以上的文化进行对比研究，以辨明它们内在的差异性。值得注意的是，在跨文化交际研究中运用比较对照法需要从人类文化的整体出发，探究各文化支系统的现状及发展趋势，辨明各文化支系统的内在关联及其差异性。

（3）系统整合法。在跨文化交际学研究中，在比较对照法的基础上还需要运用系统整合法对各文化支系统进行整合。在这一过程中，应遵循从普遍到特殊的原则，将文化的宏观系统和微观系统结合起来，进行系统的整合研究。在进行跨文化交际的系统整合研究之时，有几个常用的方法可以参考，如从某种文化的视角入手，进行系统整合或者是将多元文化构成的类文化系统进行系统整合；又或者是将多元文化分支系统中的各自的文化现象进行整合研究。

（4）本质揭示法。由于跨文化交际涉及错综复杂的文化现象，因此在研究中认识这些文化现象的本质就显得尤为重要。因为现象是本质的表象，脱离对现象的认识就不可能对本质有深入的理解。在跨文化交际研究中，应该把各文化现象作为认识各文化本质的向导，通过对各文化现象的分析捕捉各跨文化交际现象的内在本质。

（5）追根溯源法。在跨文化交际研究中运用这种方法时，需要研究者在对各文化现象进行横向的共时态分析时，同时进行纵向的历时态研究。即在对各文化现象进行对比分析的同时，追踪这些文化现象的历史缘由，以及在历史发展过程和阶段中的表现形式。由于不同民族、国家间的文化与其地域生态环境、政治、历史、宗教等密切相关，因此在追根溯源的研究中，需要从不同的地理环境、不同的历史背景、不同的文化传统及宗教信仰入手，追根溯源，探究跨文化交际中各文化现象的本源。

四、跨文化交际研究的必要性及意义

二十世纪以来全球一体化的进程日益加速。不同国家、民族、地区之间在政治、文化、科技等领域的交往日益频繁和世界日益形成一个多元化的格局，但是不同的国家、民族由于不同的历史渊源和不同的社会习俗，形成了特定的文化背景，这会为跨文化交际带来的潜在的障碍，甚至有可能导致文化冲突的发生，会给人类带来不必要的灾难。正是在这样的时代背景下，跨文化交际研究萌发，跨文化交际的频繁发生要求学者必须研究不同文化背景形成的价值取向、思维方式及交际方式的差异。

新中国成立以后，出于国际交往的需要，政府有关部门即开始组织、实施对外汉语教学，至今已经历了半个世纪。2005年7月我国首届“世界汉语大会”在北京召开，会议提出了汉语国际推广的战略和具体方案，不但要把留学生“请进来”，更要把对外汉语教师“派出去”。国家的这个战略决策意味着将有越来越多的教师通过国家公派或校际交流等途径从事对外汉语教学的工作，这就要求国际汉语教师必须具有很强的跨文化言语交际能力，因此跨文化交际研究不仅是迫在眉睫的时代需求，更是汉语国际推广战略的实践要求。在跨文化交际过程中，有时会出现因文化价值观念、礼俗原则、社会关系等方面的冲突而导致交际失败的案例。因此，学习和研究跨文化差异具有重要意义。

跨文化交际障碍的产生，低效的交际过程，交际双方间的误解与冲突，这些通常是跨文化交际中的文化差异造成的。因此学习跨文化交际的知识，认识跨文化交际的本质，了解跨文化交际的过程，是为了克服跨文化交际的障碍，避免跨文化交际的失误，寻求解决跨文化交际冲突的途径。我们学习跨文化交际，是为了学习、了解异域文化和交际规则，适应和尊重异域文化，维护本族和本地域文化的发展，减少矛盾和纠纷，以利于有效而成功地交际。

具体而言，研究跨文化交际有以下几个方面的意义。首先，从个体间的跨文化交际来说，通过学习跨文化交际的知识可以发现跨文化交际失误的原因，有利于我们解决在跨文化交际中产生的问题，解释交际双方在交际过程中出现的文化冲突现象，消除误解，实现交际双方的沟通和谅解，最终实现成功且有效的交际。

其次，从个体的交际实践来说，通过学习掌握跨文化交际的基本原则和策略，以应对各种不同场合、不同种类的交际，以达到成功、高效的交际目标。正如唐太宗所说：“以铜为鉴，可以正衣冠；以古为鉴，可以知兴替；以人为鉴，可以明得失。”

再次，从国家间的交际层面来说，学习跨文化交际可以帮助我们克服文化障碍，实现政治、经济、科技等领域顺畅而有效的交流和沟通。通过学习还可以帮助我们增强文化意识，学会尊重他们的文化行为和习俗，改进我们的交际方式和交际策略。

第五章　跨文化交际的影响因素

人作为社会生活的主体，对自身和他人在文化方面的认识仍有待提高，只有人们在对自己、对某个人、对一个群体、一个民族的文化身份研究清楚的情况下，往往才能够更好的“知彼知己”，与他人或不同文化背景下的人更好地交际。同时，伴随着近年来人类对人体生物方面认识的提高以及相对应的生命科学有关理论和实践内容（如克隆人的有关技术有可能会延长某人的寿命等）的迅速发展，我们有更好的条件来提高我们对人类自身和相关文化的认识。

但是有一点需要注意的是，只有我们在与他人或不同文化背景下的人交际时自尊自信又不妄自菲薄，同时提高自己的审美水平和认知水平，避免出现“夜郎自大”、好坏不分、没有辨别标准的情况出现，才能在跨文化交际中有一个更好的表现。

本章将以交际环境属性为依据，对跨文化交际中的诸因素进行分析，主要有以下几个方面的内容，它们分别是环境因素、语言文化因素、心理因素。为了读者更好地理解这些内容，我们将分别对其进行论述。

第一节　环境因素

通常情况下我们认为：环境对交际的影响是很大的，对跨文化交际的影响也是很大的，因此，环境的影响被我们排在首位。那么，其他人对交际行为是怎么样定位的呢？

1936年的莱文（*Levin*），曾用B=*f*（P，E）来表示交际行为及其影响因素，在他看来，交际行为（B）就是人（P）和环境（E）这两个相关要素的相互作用，其将交际行为的形成因素仅仅限定在人和环境两个方面，可见，Levin想表达的意思：环境是人们交际行为的核心影响因素。

同时，Levin对环境因素做进一步分析，他提出环境可以被划分为两个不同的方面：物理方面的环境与心理方面的环境。

另外，结合现实的有关实际情况，影响交际的环境因素往往包含三个方面的内容，它们分别是：自然环境因素、社会环境因素和人物个性因素。

综上，我们认为，环境因素对跨文化交际的影响主要分为以下几点。

（1）物理环境因素。主要涉及自然方面，如地理环境（地质是什么地质、地貌是什么地貌等）、气候环境（热带、温带还是寒带等）、房屋建筑的风格（是庭院类开放式的还是小型别墅类“封闭式”的房屋等）、是否有美丽的风景（如风景区吸引外来游客等）。

（2）社会环境因素。包括不同角色人物间的关系，不同身份下的人物的交际联系等。

（3）心理环境因素。主要说的是我们对有关方面的物理环境以及社会环境方面的观察和认识情况。

一、物理环境因素

环境是文化的一个重要调整手段，被称为“文化的调节器”。

对物理环境因素的有关介绍需要我们首先注意：这其中的“物理”并非是我们初中就开始学习的理科类学科，而是指文科意义上的物理：即地理、气候这些方面，更偏重于地理学科所研究的内容。下面我们分别对其进行具体介绍，目的是帮助读者更好地认识这些内容。

（一）地理环境

通常情况下我们认为：地理环境就是平常所能见到的一系列地面上所能看到的景物、面貌等，如平原、河流、谷地、山峰之类。其实不仅包括这些方面的内容（有无平原、有无河流、有无、谷地、有无山峰等），还包括其深层内容（平原面积多大、河流覆盖广度、水资源蕴含多少、山峰的形成规律以及这些资源给人们带来的影响等）。

在地理环境表层内容和深层内容的共同作用下，地理环境往往会对人们如何进行生产或获得粮食方面的时间、活动、人类的结构、人们的社会行为等方面造成影响，进而影响到人们的社会交往的一系列内容。

1. 中国

孔子说：“知者乐水，仁者乐山；知者动，仁者静；知者乐，仁者寿。”程颐进一步对“知者乐水，仁者乐山”的相关思想进行思考分析时提到：“乐者好也。知者乐于运动，若水通流；仁者乐于安定，如山之定也。知者得其乐，仁者安其常也。”在我们看来，孔子的理论将“知者”与“仁者”比为“水”与“山”，把通常下我们所认为的安定的山和流动的水联系起来，“寓山于水”所代表的往往是一种亚洲大陆文化方面的有关特征。那么什么是亚洲大陆文化方面的特征呢？下面我们来具体论述。

我们国家的地理位置首先有一定的特点——处于一个“半包围圈”中，一半是海洋（太平洋），另一半是高山（喜马拉雅山脉），先代的人们没有足够的能力去克服这些天然屏障，进行进一步的文化开拓，因此，在现有资源的基础上，在我们国家已有的，能够进行利用的黄河流域（温带气候，适合农耕）进行生产生活，进而形成了以农业发展为主，重农的“小农经济”，并养成了与其相应的生活习惯。在这种条件（地理位置方面的条件和气候方面的条件）下生活的人们，常常是“我耕田来你织布，我挑水来你浇园”，表现出来就是男耕女织，自给自足，不需要与外人的沟通、交际等一系列的活动，因而，长期发展之下我国的民族性格呈现出以下几个要点。

①经济方面偏于小农化。

②国家方面偏于家庭化。

③社会方面偏于等级化。

④礼仪方面偏于规范化。

2. 西方国家

西方国家的文明发源地一般情况下认为是在古希腊。希腊这个国家，是为欧洲大陆所“包围”的一个岛国，其地理特征表现为四面环海，土地资源少，尽管其气候方面（地中海气候）也允许其发展农业经济，但土地资源却限制了其有关方面的一系列发展，因此，他们必须找到新的生存之道，即出国跨海与他国产生交际，以拓宽自己的生存道路和途径。

他们拓宽生存的道路和途径往往表现为以下几种方式。

（1）出海探险

出海探险，是把老人和孩子这些相对的弱势群体留在家乡，青壮年都出去冒险一种生存方式。把老弱妇孺都留在故土，却把家庭核心的青壮年“拉出去”探险，家庭往往不像家庭，传统的家庭模式也逐渐分解。

（2）互立契约关系

古代的科技、认知等方面相对现在落后得多，人们在面对大自然海浪凶险，必须要互帮互助、同舟共济，才能基本保证人们的安全，在这样的情况下，人们之间互相结成了平等的契约式关系，并为其之后航海方面和商业经济方面的发展奠定了基础，也为其他国家的文明发展起到了一定的带领作用。

（3）形成一定组织

人们探险所得的珍宝等一系列新鲜事物，往往由商人出手进行商品的一系列交换，商人们会集居在城里，并组合或联合形成一定的组织团体，发展成为“民主式”社会。

除此之外，由于希腊人经常的活动地点是在海上，往往就形成了好“动”的取向，求变、好奇成为海洋文化的特点，这也影响着他们形成好“交际”、喜欢“新鲜事物”、勇于“创新”、积极“寻变”的民族性格。

德国哲学家黑格尔被人们认为是继承古希腊人眷恋大海精神的代表，他对海洋的赞美之词为人们所津津乐道：“大海给了我们茫茫无定、浩浩无际和渺渺无限的观念；人类在大海的无限里感到他自己的无限时，他们就被激起了勇气，要去超越那有限的一切。大海激励人类从事征服、从事掠夺，但同时也鼓励人类追求利润，从事商业活动。……他便是这样从一片稳定的陆地上，移到不稳定的海面上，带着他那人造的地盘‘船’——这个海上的天鹅，它以敏捷巧妙的动作，破浪而前，凌波以行。”

（二）气候环境

气候环境指有气候有关的一系列方面的环境。所谓气候，既包括我们平常所说的气温，还包括与我们生活息息相关的湿度等，是我们人类生活所必须赖以维持的“物理方面”的环境。它在人们的生活中形成一定“大的自然背景”，起一定的“烘托作用”，对人们的交际行为产生比较微妙的作用。过去常常是“说不清，道不全”，后来人们对气候进行分类，把气候依照气温、湿度等方面的不同类别大致划分为寒带气候、温带气候和热带气候等，并开始使用其作为我们日常生活的气候标准。

在不同的气候环境影响下，人们有着不同的生活习性。

1. 不同居住环境下人们的面貌不同

居住在不同气候环境下的人们常常会呈现出不一样的面貌，如生活在温带气候范围内的人们与生活在寒带气候范围内的人相比显得更加的温和一些，而与生活在热带气候范围内的人相比，生活在温带气候范围内的人们则显得那么不够“热情”。

2. 季节变化引起的社会现象

季节或气候变化与人的社会行为的关系越来越引起人们的关注。有人发现，人在不同的季节里，身体感觉会不一样，精神状态会不一样，工作热情也会不一样，所以工作效率也就不一样。甚至有学者发现这样一种现象，在气温与湿度升高的夏天，美国的谋杀案明显增多。

3. 我国南方人和北方人

在我们国家，即使文化是相通的，但是因为人口众多、地域跨度广，气候也呈多重性，往往也会体现出不一样的面貌。比如我国习惯以秦岭淮河一线为界，划分南方人和北方人。

南方人与北方人相比，南方人更注重语言方面的有关表达，喜欢发表自己的意见，但待人接上相对来说不够宽容，比较注重权威，生活更加细致、喜欢身体方面的接触；而北方人更加的“坚定有力”，喜欢“独来独往”。

所以有人说，如果你喜欢与人交往，喜欢更加密切的人际关系，喜欢更加细致地生活，那么可以尝试去南方生活，做个南方人，而北方更加适合个人进行生活。

（三）房屋建筑的风格

一个地区中相关建筑物有什么样的物理结构，会使用什么方式进行装潢，往往离不开与其所处地域的文化方面的熏陶和渗透，文化在其中的作用是被人们忽视。在这样的情况下，人们的交际方面的一系列行为也会受到其影响并产生不同的行为表现。与此观点类似的有丘吉尔（*Churchill*）的观点：“我们塑造着房子，然后房子塑造着我们。”事实上确实是如此的，即民族的建筑风格会受到它存在的文化的影响。

人们对同一话题的有关看法，如果对比魔都上海“东方明珠”里和某地区缺乏基础设施建设的有关希望小学之中往往是不一样的；人们之间进行面对面沟通所选择的地点是新墨西哥方面的“土墙房”，还是日本的“京都式房子”，肯定也有很大差异。这不仅仅影响人们交际行为的效果，也是建筑风格对交际文化影响所产生的反方面的作用。为了读者更好地理解这部分内容，下面我们分别以我国和美国、日本、德国等国家为例对跨文化交际中不同建筑风格所能起到的不同效果进行对比，并对其产生的不同影响进行分别论述。

1. 中、美对比

（1）中国

中国的地理环境影响下的房屋建筑的风格是“封闭”的，往往表现为显露出来的“墙”“园”。中国筑墙技术闻名于世，从长城到紫禁城，从村落的土墙到家户的院墙，从四合院的砖墙到田间的竹篱笆。无论国家还是家庭，城市还是农村，工厂还是学校，墙连墙，墙套墙，高的、矮的，宽的、窄的，土的、铁的、木头的、竹子的。长城万里，围定中原；城墙座座，护定都镇；小家院墙，隔划街里。

“校园”“家园”“公园”，所有“园”字也都是用方框围起来的。在这样的便利“条件”下，我们的日常生活都可以说是离不开“封闭”了，这样的跨文化交际是不容易进行的，这也是地理环境对我国人们跨文化交际的影响。以我国的四合院为代表的高深院墙往往也能反映出一定的文化方面的内涵：每个四合院好比历史隧道，代表着传统文化。传统的北京民宅里巷有着庄严肃穆之感，四合院是有等级的，是家长制的，偏正分明，主次有别。当人们走在两面高墙之下的巷道，会有压力之感，因为巷道是有权力的。但北京又是富有人情味的，会使人觉得这街、这巷，与自己都有些渊源关系似的。

（2）美国

美国往往更加注重对空间划分的开放态度，即美国城市的空间隔离度往往都比较高，大到企业、工厂，小到学校、个人住宅等，都是或多或少的美国空间划分的“好隔离”形象，还常常会出现：乡村中农户之间的空间距离可能漫无边际；进入某一所大学后可能完全分不清楚学校的起点和终端，分界线似乎是不存在的，但分界线也的确是存在的——它存在于美国人的心中。

以美国纽约的大都市景象为代表，这座城市的大街是以坐标和数字编码组成的，这座大城市是个千位数，街道是百位数，小巷是十位数，住宅是个位数。在这样的情况下，传统中国人和美国人在生活节奏方面、人际交往方面、信仰方面往往也是不同的：老北京的生活节奏可以说是慢悠悠的，安详宁静，充满了人情味；而纽约的生活节奏是快速的，充满了竞争和压力。北京的四合院主次分明，相互依存，渗透着等级差异；纽约林立的高楼大厦是平等的、独立的，你我分明。老北京人人际交往是迂回的、含蓄的、模棱两可的；纽约人人际交往是直截了当的、坦诚直率的、赤裸裸的。北京城是“静”的城市，崇尚精神，与自然和谐；纽约是“动”的城市，崇尚物质，与自然竞争。

可以说，是完全不同的城市建筑影响了我们两国人民的民族个性，产生了我们两国人们的不同的思维方式和交际风格。

2. 美、日对比

首先，美国和日本的房子结构方面就有一定的差异。

（1）房子的用途方面

美国的很大一部分房子都有专门的用途：专门用来吃饭的餐厅、专门用来睡觉的卧室、专门用来挂衣服的衣柜、专门用来做饭的厨房。专门用来接待客人的客厅等；而在日本，用来吃饭所需要的餐厅、用来睡觉所需要的卧室、用来挂衣服所需要的衣柜、用来做饭所需要的厨房、用来接待客人所需要的客厅等，全都可以由一间房子里“一起”进行，并不冲突。

（2）房子结构方面

美国（以及其他大多数国家）的房子往往采用墙壁分隔开来，用来保证人们的一定隐私；而在传统的日式房子里，人们往往不会看到墙壁，其会被活动拉起墙所隔开，这与日本这个国家人们的生活习惯和其他因素（如地震多发）也有一定关系。

（3）房间配置方面

美国（以及其他大多数国家）的房子往往会配置很多用得上的家具，且家具一般是靠墙放置，这样不会占太多必要的空间。家具一方面可以提高人们的房屋美观度，另一方面可以提高人们的生活舒适和方便程度；但是日本人所住的房间里家具往往很少，有的只是一个简单的小桌子（常常放在房子中间），和不能称之为家具的小垫子：学习或者吃饭时，桌子就是课桌、饭桌；晚上睡觉时，桌子就会被移开放到别处，睡觉所用的垫子会被放置到原来桌子所放置的那个房间，平常学习、吃饭的房间就焕然一新，摇身一变成另一个房间——人们的卧房。

（4）浴卫安置习惯方面

美国人有把浴室与卫生间常常会安放在一起的习惯，而在日本人的房子里，浴室与卫生间是一定会被分开的，根本不可能会看到“浴卫共处一室”的现象。

（5）生活习惯方面

此外，日本国家的房屋建筑风格的特别之处还有很多，如在传统的日式房子里，往往不会出现进入自己的房间后，把自己独自锁在里面的情况，这与美国（以及其他大多数国家）的情况都有所不同；传统日式房子地板铺的是草席，人们进门前要先脱鞋等。

3. 阿拉伯房子与中、日、美房子对比

（1）阿拉伯与我国房子对比

阿拉伯的房子大部分是与我国古代建筑一样的，做普通日常之用，但会单独选择一间房子用来陈列家族族谱、家族纪念品等，以显示“光宗耀祖”之意，并且会特别地选择用这间房子来招待客人，以此来显示对客人的尊重和好的交情。

（2）阿拉伯与日本房子对比

与日本的房子相比，阿拉伯的房子相对来说非常宽敞，阿拉伯人往往会把天花板安置得比较的高，因而其所具有的视野也会很广。由此可见，阿拉伯人希望能够一直拥有的干净开阔的视野。

有关方面的研究者毫尔Hall曾经对其所见到的一所“高楼层却小面积”的房子深有印象，这被当地人所称为“恶意的房子”，因为人们在建造它时考虑的主要是惩罚方面的一系列作用（如惩罚挡住他们观赏地中海视线的邻居）。

（3）阿拉伯与美、日房间用途对比

阿拉伯人往往会在家里招待客人。这一点在人们看来与美国方面相类似，但与日本方面是不同的。

4. 德国

德国的房屋建筑风格往往可以用三个方面的词来形容，它们分别是：房子的“私密性”、“起居室”特征的房子、“办公室”特征的房子。

（1）房子的“私密性”

德国人的房子旁往往都是篱笆类东西，这是因为我们常说的隐私即“私密”，在德国人看来是非常非常重要的一个点。

（2）“起居室”特征的房子

一般来说，起居室是德国人所有房子中最正式的房间，是接待客人用的。德国人的孩子在客人来了后，应出来见客人，并一直待在那里，只有在有人对他们说话时才开口。

（3）“办公室”特征的房子

德国人的家好比工作所用的“办公室”，往往都有很大的起一定作用的家具，如冰箱，电视，沙发等，还有很“厚实”的门，通常用来保证房间的安定和整洁，门的作用更为重要：隔音，还能提供隐私小空间保护人与人之间的隐私界限。

5. 拉美国家

以哥伦比亚为例，对拉美国家的建筑风格做详细阐述。

（1）建造风格方面

据我们所知，典型的哥伦比亚中产阶级的房子，往往会靠街比较近，建造时也会考虑尽量离街道更近一些，并且有大小不一的前后院，喜欢围篱笆，房间紧挨没有墙阻隔，隔离物仅有简单的玻璃。

（2）家庭观念方面

哥伦比亚人注重家的私密性，家庭观念非常严格，一般情况下即使是好朋友也不允许到家里做客，在家里做客的一般都是亲戚等具有血缘关系的人，不邀请同事或邻居到家中做客。人们在一起工作很多年，住得也很近，但从未见过对方的家庭环境，是很正常的事。

（3）起居室方面

哥伦比亚人的起居室往往是其家庭房间中最正式的、仅有的可以用来招待贵宾的地方，其他地方不行。

二、社会环境

这里主要说的社会环境指人们的角色关系和人际关系。下面我们分别对其进行具体介绍，目的是帮助读者更好地认识这些内容。

（一）角色关系与跨文化交际

1. 角色概念

（1）社会角色的概念

通常情况下我们认为：社会角色是人们把与戏剧有关方面的一系列术语引进到社会学相关方面中的。

而社会不仅仅是人类所创造的活动场所，它还是有各种不同社会角色构成的一起进行社会活动的地方。

人们的社会角色不同，并通过对不同社会角色的认识不断进行跨文化交际。

（2）社会角色的通常固定

这里主要说的是我们在社会中生活的过程中的一系列正式、非正式的社会角色称号。

比如，我们在企业里为企业工作，就是社会里的员工角色，对公司里的其他人来说是“同事”角色，回到家里是父母亲的“儿子”，是女儿的“父亲”，是一起去玩的“朋友”。如果在学校，那么我们不是“学生”就是“老师”。在医院里我们不是“患者”就是“医生”。在旅途中我们不是“乘客”就是“司机”，等等。

在这些人际交往中，我们的社会角色会按照我们的社会属性进行了迅速的划分定位，只有在这些划分定位的基础上我们才能够被社会规则所接受，站在什么位置就看什么内容，做什么事。

另外，如果不按角色所要求的角色标准去做事，那么便没有一个合理的生活规律和生活观念，也会对整个社会的稳定造成一定的影响。在这样的情况下，我们往往会与社会“格格不入”，最终被社会一定程度上所限制，最终可能被淘汰。

（3）社会角色的不同标准

那么，我们又如何对自己的角色以及角色行为标准进行规范定位呢？我们做到什么样子，社会才会认同我们的所作所为呢？下面我们列出几个参考标准。

①是否对自己所应当扮演的角色进行准确的定位。

②对角色定位之后，是否具有一定的角色标准。

③准确定位角色，具有一定角色标准后，能不能够满足角色方面的有关要求。

（4）社会角色的规范功能

社会角色具有规范人们社会交往行为的作用，在这样的情况下，不仅对社会上各个成员的所作所为的规范性有一定要求，还对不满足要求的社会角色有一定的惩罚措施，其目的还是要让人们，即不同的社会角色达到相应的社会标准。

（5）交际中不同社会角色的文化差异

随着中西方经济、政治交往的密切发展，两国人民有更多的机会可以进行面对面或其他近距离展开一系列的交往活动。在这样的情况下，不同文化背景下不同社会角色之间的交往常常会体现出一定的差异性。

下面我们从“主客关系”的角度对其进行分析论述。主要涉及两方面的内容。

①中国文化的“好客”之道对他人造成的困扰

“客人”这一角色在中西方文化中的意义是不一样的，最起码表现出来的行为是不一样的。中国式的客气、谨慎和敏感的友好态度往往会使其他国家文化的人觉得非常不自在，进而产生一系列不必要的困扰。

对此，我们需要对他国文化进行提前了解，并且尽最大努力，积极地调整自己的行为，适应对方的文化。例如中国人在吃饭时往往喜欢凑热闹，而且喜欢在一起吃饭时聊天，虽然同样有一定的规范，但与西方人还是不一样，西方人的文化习惯往往让他们更加独立自主也很少喜欢这种家庭大锅饭氛围，这是非常常见的，需要我们去注意。

②西方人的“坦率”给他人造成的不理解

某个中国人在参加西方朋友的宴会上穿的正式西装，准备了很厚重的生日礼物希望给朋友惊喜，并且打算好好在朋友那儿享受生日餐，但结果却是别人都穿休闲装，生日礼物被当面打开，也没有正式的生日大餐。这让他显得很格格不入，不过后来了解之后就懂得了西方人的坦率和简单、平等等方面的文化。

2. 角色关系

（1）角色关系的社会类型

交际中的社会角色往往有“上下”级交际和“平等交际”。生活中的相关例子也很多。看上去比较正式的交际表示交际双方的不同地位，而看上去非正式的、比较随意的交流往往是朋友间或其他比较亲近的人们之间的交往。

在这样的情况下，在交际过程中往往要对自己和他人关系的亲疏、地位的高下等有个大致的了解，并在这个范围内规定做事，这样不仅能够让他人觉得自己有一定“分寸”，也可以让自己在规范内做事，避免一些不必要的麻烦。

（2）角色关系的文化差异

通常情况下我们认为：角色关系的一系列相关内容对跨文化交际来说是非常特殊的，相应的也就有交际影响下的不同角色关系——中国人会有“上下级”意识，西方人更多的是“平等”意识，如人际交往中的不同的称呼所体现出来的不同的文化差异。

在我们国家，人们之间进行交往常常会首先注意称呼。如果对方有一定的社会地位或职业，我们往往会使用尊称而不对其直呼其名，这样是“有礼貌”的一种体现，像对方是老师的情况则更是如此。这些都是人与人之间“上下级”意识培养的环境，是中国传统儒家文化所留下来的一定社会方面的规范所影响的。

而西方人在交际时往往会注重平等，认为人与人之间没有那么多称呼方面的“上下级”礼仪，学生常常会直呼自己老师的名字等，这种交际行为将本来不平等的社会关系转化为平等关系，这是西方文化中“平等”观念的体现。

（二）人际关系

1. 中西方社会人际关系格局介绍及差异对比

（1）传统中国社会人际关系格局

通常情况下我们认为：传统中国社会人际关系格局从古至今变化不大。其原因主要有以下几个方面的内容。

①社会基石的不变性

社会中人际关系的形成往往离不开其社会结构，对我国来说，宗法血缘关系网络是我们社会结构形成的核心和基础，不论经历怎样的改朝换代，都对其产生不了质的影响，因此尽管当代中国宗法社会结构已经解体，但宗法制意识的影响却一直存在，一直没有消失，渗透在人际关系的网络中。

②伦理纲常的稳定性

伦理纲常的稳定性也是我国人际关系格局不变的一个重要原因。通常情况。

（2）西方社会崇尚人际关系格局

西方社会的人际关系的格局自古希腊时代起，经过几千年的发展，到今天，形成现代西方人所遵守的人际关系格局。其具体发展历史如下。

①较早摆脱“血缘关系”纽带

从有关的历史文化方面、人类社会发展方面的一系列视角来看，西方国家的人们当初被海洋包围，面对各种原因下对外联系的阻断和内部矛盾的不断上升，以商业活动为起点，以武力征服为手段，以获得更加广阔的发展空间为目的，进行对新大陆的不断探索和迁移方面的活动。这是他们血缘纽带无法进行的稳定维持和继续，因而以财产关系，即资本关系为基础的交际纽带就此形成。另外，民主政治家克里斯提尼推动了旨在打破和改造雅典社会结构所残存的血缘姓族结构的政治改革，这也为新的人际关系格局的形成起到了非常重要的作用。

新的社会结构关系直接宣布废除世袭世禄的种族血缘纽带制度网络，让人民选举国家公职人员，平等意识逐渐萌生并发展，等级制度逐渐被取消并形成新的人际关系格局——民主政治。

②新时期西方国家的法律平等

1776年美国政府颁布的《独立宣言》体现了资产阶级的自由平等的民主原则。指出：人类生来平等，造物主赋予了他们与生俱来的权利，即生存、自由、追求幸福的权利。政府是为了实现这些权利而设置的。

1791年，法国国民议会发布的《人权宣言》促进了资本主义的发展，指出：就人民权利而言，人类生而平等并且只能平等。人各有身，身各自由，为上者不能压抑之，束缚之也。这些在世界历史上具有重要意义的历史事件奠定了西方社会平等人际关系的基石。

（3）中西方社会人际关系格局的差异对比

民的就要“顺”，“顺”即“循”，所以民要顺和官的需要，服从官的管理、“家族文化”（在一个家族中，族长拥有绝对权威，甚至掌握生杀权力，而族人必须服从）、“家长文化”（在一个家庭中，家长具有绝对的权威，可以主宰家庭中的一切，其他家庭成员必须顺从）等。

在这样的社会规范和传统意识之下，当代社会的中国人往往缺乏原创意识，缺乏创新精神和冒险精神，独立意识较差。在美国的教育理念中，从幼儿教育开始就强调的是孩子独立平等意识的培养。

中国一位知名的幼儿教育者有过这样的亲身经历：她随一个教育工作者代表团访美，参观美国加利福尼亚州一所幼儿园，并旁听了一堂幼儿写作课。一位名叫珍妮的女教师面对着一群五六岁的美国儿童，通过采用指导孩子们在伟大人物的感染下进行自创图画，自著书文的一系列有关的活动，并鼓励他们将来也可以与这些大人物一样做一些伟大的事（英雄可以做的事我也可以做）等来培养孩子们的自信心和创造能力。

在这样的情况下，美国大部分地区的儿童往往都能自信地说出自己的梦想，展示自身的优势，对权威说不，形成平等的独立人格。他们的父母也都比较关心孩子自信心方面、竞争力方面、个性展示方面和独立人格养成方面的一系列内容，认为这些才是他们孩子需要培养和掌握的，这常常也被认为是在美国更好生活的最基本的要求。

②人们身份等级的重要作用差异

身份指自身所处的地位。人的社会地位不仅仅包括其在社会中的地位，往往还包括其在家庭中的地位。具体来说，主要是从人们之间进行交际活动时的一系列行为表现体现出来。常常代表着一个人所拥有的固定的权利、义务等。

我们国家的人们往往在做事时会考虑自己应不应该做某件事，主要参照的就是根据自己的社会身份来进行思考的。不按自己的社会身份行事，那就有可能越距。某一身份的人该做的事情却没有做，不该做的事情却做了，以及该说什么方面的规范、不该说什么方面的规范等，往往也都是人们依据该人的社会身份以及该人所处的社会地位来对一个人进行相关方面的评价的。

我们国家的人也特别重视人物之间的各种关系网络。网络从小到大不等，关系网常常能反映出一个人的影响力的大小。“关系”资源能给人们带来机遇，往往有“关系”就有效率，有“关系”就有人脉，有“关系”就有发展前景，有“关系”就能够在市场环境下创造一定的利益。因此，人们急于在社会中维系各种关系网络，为自己今后的发展做更好的打算。在这样的情况下，人们往往对“关系”有一定的微质之词，但是从实际来看，“关系”网的形成和发展对维护社会关系的融洽、人际关系的和谐有非常好的影响，这也是广大中国人所追求的。

据有关部门对全国居民的抽样调查，在上辈下辈、上级下级，同事关系、邻里关系中，有72.1%的人认为是“比较融洽”的，也是比较满意的。由此看来，通过交际达到融洽人际关系的一系列的作用往往是能够实现的，并有一定的积极意义。

西方社会方面，主要遵循的一个要点——人格独立，可以从人们之间互相尊重的相关内容中体现出来。但丁的“走自己的路，让别人去说吧”这句名言，虽然表面上看上去强调的是人们的个性解放，再向深处想，我们可以看出来他所反映出来的西方社会中经常所推崇的人格独立方面的有关精神。西方文化中人格独立方面有一个非常重要的要点，这个要点并不是我们上文中所提到的个性解放，那又会是什么呢？我们认为，应该是“互相尊重”。

所谓的“互相尊重”在西方人看来，体现在“不侵犯隐私”的相关方面，这也是西方社会不提倡互相帮助（主要指无缘无故地帮助别人的行为和想法）的主要原因。在他们眼里，无缘无故帮助他人的行为往往才是不尊重他人的表现。

2. 人际关系取向的文化类型和比较分析

通常情况下我们认为：对人际关系取向的相关分类也和对其他不同事物的分类类似，如果在不同标准、不同角度等不同的方面，往往也会产生不一样的分类结果，如可选择和不可选择型的、长期和短期型的、有血缘关系的和没血缘关系型的，等等。在这样的情况下，并结合跨文化交际的相关系列的知识，我们比较认同中西方学者对人际关系所划分的三种类型，它们分别是工具型、情感型和混合型。

为了读者更好地理解这部分有关内容，我们将分别对其进行论述，具体如下。

（1）工具型人际关系取向。什么是工具型人际关系取向？通常情况下我们认为是这样的：人与人之间为了达到某种目的或者为了取得一定方面或数量的利益而建立起来的一种短暂、松散、容易分崩离析的人际关系带。其往往只是一种临时性的手段，不具有长期性。

（2）情感型人际关系取向。什么是情感型人际关系取向？通常情况下我们是这样认为的：它是一种建立在亲朋好友之上的、利用相互信任、相互了解的一定情感建立起来的一种黏性非常大的持久、牢固和稳定人际关系类型。其往往影响关系较多，因而容易产生矛盾并造成情感方面的一系列危机。

（3）混合型人际关系取向。简单地说，这是一种既有情感性又有工具性的混合式人际关系模式。通常情况下我们认为：属于该类型人际关系的交际双方往往互相认识、有一定情感但情感不深。

其往往包括的对象比较多，如可以天天见面的邻居、工作中相处不错的同事、在学校一起求学的同学等，他们是我们人际关系网的一部分虽不主要，但也不可缺少，构成了我们生存发展的一个整体的环境。这种人际关系的存在及其是否能持久，往往是取决于人与人之间的人情是否相互持续往来。在此基础上，我们分别对中国和西方社会的人际关系取向进行分类说明。

（1）中国社会的人际关系取向

如果我们用以上三种人际关系取向类型来看待不同文化（中国和西方）的选择，那么其中所能够体现出来的差异是显而易见的。一般来看，中国社会的人际关系方面往往更加偏向于“情感型”关系和“混合型”关系。

①中国社会非常注重人情（常常会要求“礼尚往来”“滴水之恩，当涌泉相报”）和面子（“为朋友两肋插刀”），人际交往方面讲究提倡把人情给做好。而“情感型”关系，对我们国家的人来说往往是人们最基本的需求。常常被认为只要满足了情感就可以“生活得有意义”。

②“混合型”关系对我们国家的人来说，往往是生存、发展的基本条件，是人际关系方面的上层内容和要求。另外，因为“混合型”人际关系

取向本身具有两重性，既有情感性，又有功利性。因此我们要对其进行重点而全面的分析，主要分析功利性。

功利性，顾名思义就是与利益获得方面有关的性质，其往往表现为一定的对利益的易产生动力方面的一系列内容：改革开放所带来的有关经济方面的发展，带动了很多人的富裕梦；物质方面的极大丰富也带来了人们对有关利益的不懈追求。通常情况下，利益分配是否合理既可能导致情感的离合，又能影响人际关系的好坏，如在家庭财产方面所产生的一系列纠纷所引起的很多家庭亲属反目的情况相当普遍；由于婚姻观改变而导致的有关的离婚率的提高；由此带来的财产分割矛盾；以及遗留财产分配的争夺战的愈演愈烈等，都是由利益所引起的人际关系处理失衡的现象。这些都是在市场经济大背景下出现的新动向，值得我们去关注和注意。

（2）西方社会的人际关系取向

一般来看，以美国为代表的西方社会的人际关系常常表现出来为“工具型”，在这样的情况之下，人们往往会发现该社会中的人们在人际交往中他们很少顾及人情、面子，反而是公事公办，不讲情面。

①在交易时这种关系惯常以“公平交易”为准则，按法则办事，即使是亲朋好友也要“人”和“事”两清，即把人情和事情分得清清楚楚。

②在公务处理上，不受感情驾驭，而以客观法则为准，对事不对人，公私分明。

即便是亲人之间，往往也是会把这种“公平交易”方面的内容和“公事公办”方面的内容严格遵守下去，这也常常让我们不理解，我们的“中国文化”在它们面前显得有些格格不入。

长篇小说《喜福会》中丽娜和她的丈夫哈德罗一直平摊各种“费用”，这在中国传统的丈母年眼里觉得疑惑不解——太过斤斤计较的生活如何能够继续下去，而在他们夫妻俩（丽娜和她的丈夫哈德罗）眼里，看来这种“斤斤计较”的方式却很正常：“唯有如此，我们才能排除一切错觉，一切捆绑感情的束缚，从而达到相互间真正的平等尊重”。虽然是一本小说，其有一定的虚构性在里面，但其中所反映出来的中美文化差异的冲突却是生活中真实存在的。人与人之间为了互相的“平等尊重”，看来也是蛮拼的。另外，不同文化对人际关系取向的选择，往往会让人们的一些行为习惯产生一些完全不同的结果，因而常常会有中美双方待人处事方面的完全不同的态度和策略。

在这样的条件之下，具有完全不同的人际关系取向的中国人和西方人交朋友肯定会产生矛盾，中国人会觉得他们不通情理，或不够“哥们”，而他们会觉得中国人太重感情、太不理智。

三、心理环境

（一）单从隐私角度来说心理环境

一种说法认为：心理环境从跨文化交际来说，集中体现在“隐私”这一概念上。隐私往往客观方面的一系列环境有很大关系，它涉及人们如何对待和利用环境因素，如何控制和调节与他人的交往。

它还制约着我们与谁交往和不与谁交往，在什么时候以及什么地方与人交往，同别人交往到什么程度。

下面我们分别对其进行具体介绍，目的是帮助读者更好地认识这些内容。

1. 隐私观念的差异

中西方在个人隐私方面的差异是一种客观存在，因此各自对隐私的调节机制也完全不同。

中国人常把感情，如喜怒哀乐、爱憎好恶以及个人态度等，当作隐私，而对其隐私的处理是采用自我节制的心理压缩方式。他们常常把自己的真实感情和态度深深地埋在心里，不暴露出来，以适应群体取向或达到社会和谐。

美国人则使用物理环境来调节隐私，他们通过关闭的门来保护自己，不论寝室、办公室、家庭中的卫生间还是书房的门都用来调节隐私，一旦门被关上，就自动传递出“请勿打扰”的信息。或者他们会去一个完全陌生的环境，没有任何熟人，以保持自己的独处。

我们以美国为例代表西方文化，综上所述认为：中西方在“隐私观”方面的一系列有关差异，是有一定的合理性的，也基本上是受到其所处的特定文化影响下的产物，需要我们在跨文化交际中对此有一定了解和注意。

2. 态度

有很多心理学家认为：研究不同文化下人们的交际方面的态度，有助于引导人们进行一系列比较有效的跨文化交际。

通常情况下：不同文化下人们调节隐私的方式是不通用的，中国人有中国人的方式，西方人有西方人的方式。但其往往都会涉及一点，那就是人们对关于隐私方面态度的把握是怎样的。下面我们以此为例进行说明。

什么是态度？可以这样去理解：即对人、对事的一种心理倾向，它往往能够决定人们是积极地、肯定地还是消极地、否定地对待某人、某事或某种行为。其往往包括以下几个方面的知识，对其我们分别予以介绍，它们分别是：认知、情感、意动。内容如下。

（1）认知

“认知”是人们对某种对象所持的思想、信念及知识，它是指人或物被感知到的方式，即在大脑中形成的心理映象。比如，我们之中许多人可能会对其他不同肤色的人种或多或少有一个既定认识，如黑人方面常善歌舞，日本人比较知礼仪、懂茶道，德国人方面较为严谨，犹太人方面比较聪明等。另外，一个人对其他事物的认知往往也是基于对其他事物了解基础上的反映。

（2）情感

“情感”是人们对某种对象所持有的主观方面的喜好程度表现。

（3）行为意向

一般来看，“行为意向”是人们可能会采取的某种行为的反映。在三个基础之上，人们形成了自己的态度。一般情况下，态度引导交际行为的例子有以下几个方面的内容。第一是功利实现功能，人们持有某种态度是因为可以得到某种利益。比如，商家对消费者的“客户至上”方面的原则，下级对上级的“谄媚”方面的原则等。第二是自我防御功能，人们通过某种态度来保护他们的自身利益和自我形象。比如，人们对非法分子的排斥等，主要是为了保护自身的生理、心里的安全。第三是价值表现功能，人们用态度来表示自尊，并肯定自我形象。比如，运动员的坚持不懈一是为了对自己负责，二也是对观众和教练的负责，是自我的一种担当意识的体现。第四是客体认知功能，人们持有某种态度来证明他们拥有支配世界的知识。比如，专家所具有的对某一方面的知识的自信是对自身所具备专业知识的自信。

（二）从对物理环境的观察和看法来说心理环境

还有一种说法认为：心理环境指的是我们对物理环境和如何利用物理环境的观察与认知的看法。主要体现在以下三个方面的内容。它们分别是：私人权的看法、时间的使用以及环境的交往潜能。

1. 对私人权的看法

私人权的概念与隐私的观点有些类似但不一样，主要是从我们对物理环境的观察方面的角度来说的。奥特曼（*Altman*）对私人权所做的有关定义可以表述为：对进入自我或某个群体的（人与事的）有选择控制。他认为私人权的理论核心在于私人界线相关内容的定位和把握。并将私人权的相关过程看作是一个辩证的过程——社会交往方面的“封闭”与相应的开放习惯随时间而变化。

此外，他还提出了私人权的机制方面的内容：他认为有关的具体的私人权的机制随着文化方面的不同而会有相应的变化，是一种文化方面的普遍行为模式。

威斯汀（*Westin*）对私人权的分类可以表示为以下四种，它们分别是：独处（自己独自在一个区域，别人往往是看不到的）、私下（某两个或多个人形成的一定的小圈子）、匿名（隐藏姓名等我们的身份标识）、矜持（有一条心理界线在我们的内心深处）。以“矜持”为例进行说明。在爪哇国人们的家里，往往会感到自己身处一个公共场所，需要注意自己的行为是否得体，需要注意自己的说话声音有没有影响到别人，需要注意自己的礼仪，又有没做得很好，很标准，在人们说话的过程中总会觉得缺少一种“直来直往”的感觉，会觉得有些压抑。这是其生活环境影响下缺乏必要保护屏障而产生的一种爪哇国式“心理屏障”。

另外以美、德为例进行相应的说明。在美国，如果一个人站在一扇带帘子且关着门的一幢房子的门廊里，人们认为这个人是在房子外面。同样，如果把头伸进一个办公室的门里，人家还是认为这个人在办公室的外面。在德国，以上两种情况都认为是在里面。德国人认为如果他们在里面能看得见，那么就在他们的领地之内。如果能看见里面，那便是侵犯了他人的私人权。

古迪孔斯特（*Gudykunst*）与廷·图米（*Ting·Toomey*）认为，私人权有关方面的一系列的调节操作往往会影响到个体主义方面向集体主义方面转化：在个人主义文化里，由于私人权方面往往是需要通过自然空间方面的内容才能实现的，因此个人可以通过自我语言透露来进入人们用物理空间来给他人与我之间提供的空间，在这样的情况下，人们往往能够获得一定的私人权。那么，集体主义文化的情况是什么样的呢？通常情况下我们认为是这样的：在集体主义文化里，人们用心理机制来调控自己的私人权，一旦人们能够确保心理方面一系列机制的完善利用，那么集体主义者会很谨慎地使用自我语言透露来进入私人空间并拥有私人权。

同时我们需要注意：拥挤感也是私人权的一个方面。它源于私人权调控系统失控，是一种心理方面的相关现象，往往是与较小空间的主观感觉有关。常常会造成一定的心理方面的压力。

2. 对时间的使用

文化导致的生活时间模式也属于心理环境的一部分。这些模式定义什么时间适合做某事，同时做多少事才是恰当的。哈勒（*Hall*）区分了单向记时间与多向记时间的概念。为了读者更好地理解这部分内容，我们对其进行具体介绍。

所谓单向记时间就是人们把时间看成是线型物质，把时间给细分（细分的维度要求从过去一直细分到未来），在这样的条件和要求之下，一个时间往往是只用来做一件事。不过需要我们注意的是：正在进行的某一个时间段内的活动常常会在进入高潮时突然地因为时间方面的原因而“被迫”中断无法继续，相对来说，发达国家的例子比较多，如美国文化与欧洲文化。

多向记时间就是把时间看成是整体的，不对时间进行细致划分（看重的是正在进行的活动而非时间，看重的是活动项目的完成与否），在这样的条件和要求之下，人们可以同时处理几件事情。不过需要我们注意的是，它相对于单向记时间来说，往往是不在乎时间，会在无形中造成对时间的浪费，发展中国家的例子较多一些，如亚洲方面的文化、非洲文化（非常文化下的非洲人往往能够根据一系列的自然事件、生物节奏等对时间做出相应的判断，时间分配往往较为灵活）、阿拉伯文化、拉丁美洲方面的文化。

3. 环境的交往潜能

所谓交往潜力是环境提供与陌生人交往的潜能。在一定场景中的群体范围越大，人们与外界产生交际活动的可能性越小；环境的“异质性”越大，跨群体交际的可能性越大。另外，在本民族文化成员间维系的一定范围、数量的关系网也因关系网质量的不同影响着人们之间的环境的交际潜能，尤其是我们在异国文化的环境中，本民族移民的关系网越发达，越会形成一定的、固定范围和人群的交际方面的行为，在这样的情况下该民族关系网内部的人群往往更少地参与该移民国的相关方面的主流文化活动。

总之，人们总是被与自己相似的人所吸引，想象在环境中总有与自己相似的其他人。

第二节　语言文化因素

一、高低语境背景不同

从第一章我们知道：高语境文化和低语境文化之间的差异主要表现在同质性差异和所需求的语言信息量的差异两个方面的差异，在这儿我们把它与跨文化交际联系起来再简单进行介绍。

（一）同质性差异

高语境文化国家人们之间相互交际发的过程往往是在同一的语境下进行的，进而人们对该语境内容要素的认识基本较为相似，不会产生很大的分歧，也不需要进行各种各样的具体的说明；低语境文化国家人们之间进行交际时对该语境内容要素的认识也往往不一样，会产生很大的分歧，需要进行各种各样的具体的说明。

（二）所需求的语言信息量的差异

高语境文化国家的人们在进行交际的过程中，往往只是把话语说到他们自己认为该说的地方，不再多说，不再进行具体解释以免对方不悦；低语境文化国家的人们在进行交际的过程中，往往是希望对方说得尽可能清楚一些，避免出现类似表意模糊之类的影响自己对语义的准确把握，以便自己更好地了解对方的详细语义。因此，双方在高低语境背景不同的情况下，往往在跨文化交际的过程中会因此发生一系列矛盾，如对某方面内容不理解想听解释的人听不到对方的解释，对某方面内容理解不想听对方解释的人对方却做大量的解释的情况，是很容易造成一系列矛盾产生的。

二、社会文化身份

通常情况下我们认为：在跨文化交际中，影响我们如何进行交际的社会文化身份方面的内容有很多，主要包括以下几点，它们分别是：文化身份、民族身份、性别身份、年龄身份、社会阶层身份、宗教身份以及角色身份等。

（一）文化、民族身份

1. 文化身份

一方面，通常情况下我们认为：跨文化交际需要对文化身份方面的相关内容进行了解。跨文化交际需要考虑文化身份的具体方面的有关内容，只有我们知道了文化身份是什么，其中包含什么、不包含什么，才能有目的性地去对事物进行更深层次的认识。在我们看来，文化身份的内容主要涵盖的点是人们的文化层面的价值观，如非常肯定美国文化的美国人与不太肯定美国文化的美国人的不同表现（非常肯定美国文化的美国人往往表现为对自由、独立的向往，这与他们背后的文化背景是非常相吻合的，同样，也要比不太肯定美国文化的美国人表现得更加激进一些）。

跨文化交际需要考虑文化身份的具体方面的强度。一般来看，不同的人对文化的认同强度肯定有所差异，往往对认同自己文化的表现不一样（有的人非常认同，就算出国进入他国文化也还是会注意自己原来的文化身份，有的人就不太认同，出国后立马对他国文化表现出“高”一等的喜欢，甚至变换国籍）；能不能表现出来也不一样（有的人容易表现出来，有的人不易表现出来），如某人一直在国内，非常认同自己的文化，可是一旦到了国外却马上对自己是个中国人特别有感触，这其实往往是他强烈意识到了自己的“文化身份”而产生的不由自主的心理反应。

2. 民族身份

另一方面，通常情况下我们认为：跨文化交际需要对民族身份方面的相关内容进行了解。对某人民族身份的了解主要是对某人身上所佩戴的“民族标签”的了解——交际双方常常会在跨文化交际中注意观察对方的民族类别（民族类别的划分往往是以种族、国籍、宗教等不同要素为基础综合得来的），并给予一定的民族认知。民族标签的进行具有不稳定性，容易贴错标签：欧洲美国人与美籍华人交往，一方视另一方为亚裔美国人（这是可以说从内心深处把对方归为美国社会中的少数民族一派的表现），而美籍华人则把他看成是“美国人”（这是可以说完全认可了他在美国社会的主流地位的表现）。在这样不同的心理态势的分类的有关情况下，双方的心理上的界限往往就已经被定好了，常常也会对双方更进一步的跨文化交际产生影响。

跨文化交际者所使用的民族标签从其他人看来是携带大量信息的，主要包括他们所喜欢称谓，所喜欢的有关民族方面的不同身份等。综上所述，要理解跨文化中人们的交际，我们不仅要对他们的不同的文化身份与民族身份进行了解和掌握，还要在了解和掌握的基础上充分实际运用它，如在公司/单位中是用自己的文化身份（更加认同自己的“文化标签”，弱化对自己所带的“民族标签”的认同），在家里则是用自己的民族身份（更加认同自己的“民族标签”，弱化对自己所带的“文化标签”的认同）。同时我们需要注意的是：认同自己文化及民族身份的人们在进行跨文化交际时往往会选择使用其他的社会方面的身份。

（二）年龄、性别身份

1. 年龄身份

一方面，我们对跨文化交际所需要的对年龄身份方面的相关内容进行的研究如下。年龄身份在交际中的作用是显而易见的。人们间交往开始的活动中，年龄信息瞬间就会被人们捕获到：对方是孩子、青年、中年还是老年，与自己年龄是否相当还是偏小偏大等基本会很快又一个模糊认识并比较容易获得（谈话开始就获得，谈话过程中才获得）。

随着科技和卫生医疗事业的发展，年龄问题，如人们能活多久的问题已经慢慢地有了解决之道，以前虽然一直存在但不明显的跨代交往也因此逐渐进入人们的视野："尊老爱幼"一直是我们国家人们的传统美德，一直有所提倡，基本上老人在中国的地位是受人尊敬的，也尽显中华文明礼仪之邦的内在精神。而在美国，年轻人往往很少与老年人打交道甚至交际，往往进行交际还需要有一定的标准策略。

1. 年轻人视老年人的具体情况调整自己的行为（如老年人耳背等问题）。

2. 年轻人在与老年人交往过程中，反映出老年人依靠年轻人的态度。

3. 年轻人讲话与老年人不同，他们以年轻人的说话方式建立自己的身份（如采用老年人不懂的俚语）。

4. 年轻人在与老年人谈话时照顾老人（如年轻人采用对小孩说话的口气和用语）。

5. 年轻人没有调整自己的行为以适应老年人。老年人把这视为对他们缺乏兴趣。

老年人往往在与年轻人进行交际时也需要一定的标准策略。

1. 老年人与年轻人之间的交往行为不合拍。原因之一是他们与年轻人接触少，不知如何调整自己的行为。

2. 老年人采用了自我保护策略，因为他们预想到年轻人的消极回应。

3. 老年人预想自己在与年轻人交往时表现不够好。

4. 老年人持有自我刻板形象（如老年人消极的形象）。

5. 老年人与年轻人的说话方式不同，因为他们要建立自己的社会身份。

另外，跨年龄交际中也存在着文化方面的差异，具体表现如下：个体主义文化中年轻人往往是主角（老年人退出"舞台"）而在集体主义文化中的老年人往往会获得比较高的地位（年轻人对他们予以尊敬崇拜），这时年龄会具有一定的"决定"地位，常常年纪越大的人地位越高。

2. 性别身份

另一方面，我们对跨文化交际所需要的对性别身份方面的相关内容进行的研究如下。

男女交际存在重要的差异。美国有研究者曾就此问题做过一个关于本国男女双方认知差异方面的研究，研究认为：在美国生活的男方和在美国生活的女方往往会对交际核心以及标准的认识有所差异。

主要体现在以下几个方面的内容。

1. 提问

女方把提问看作是继续谈话的方式，而男方则把提问看作是询问信息。

2. 聊天

女方倾向于把她们朋友的聊天内容与她们要说的话作一定联系和解释。男方则并不怎么把聊天当作媒介，往往不会关注自己朋友刚刚所说的话。

3. 侵犯性

男方把侵犯性当作很多交往方式的其中的一种，而女方则把侵犯性当作很多袭击方式的其中的一种。

4. 讨论问题

女方讨论问题有时只是为了寻求放心。男方讨论问题则往往是希望能够解决某个问题。

5. 谈话的功能

女方自从出生开始就善于与他人交往时通过谈话等方式建立并发展相对比较亲密的关系。男方却将谈话作为取得建立优势地位和使自我独立的重要方式。因此，男女双方的交际活动常常会因为各自用自己的标准解读对方的交际行为产生误解。

三、教育文化方面的培养

跨文化交际的具体情况也与我们国家教育方面的培养有关。主要包括以下三个方面的内容即教材方面的作用、教师方面的作用、考试方面的作用。

（一）教材方面的作用

教材方面的作用主要说的是教材的编写，在学生的跨文化交际能力培养过程中，教材起着重要的作用。教材的内容应该能够体现出中西方文化的差异，人物对话应是实际生活中人们进行交际时使用的语言。学生交际能力的高低与教材编写有着直接的联系。[①]

（二）教师方面的作用

教师方面的作用主要说的是教师的引导。除了教材，教师起着关键的作用。要达到培养学生跨文化交际能力的目标，还要靠教师引导学生随时随地挖掘其中的文化信息，使他们在习得语言的同时，拓宽自己的文化视野。只有注意语言和文化的结合，知其然并知其所以然，在外语教学过程中充分体现语言教学的人文性，我们的英语教学和学习才是完整的，才能达到期望的效果。[②]

（三）考试方面的作用

考试方面的作用即考试的导向作用。要搞好素质教育，必须进行改革。社会虽对学生的跨文化交际能力提出了要求，也提供了部分条件，但由于英语考试制度的不完善，外语课素质教育和培养交际能力的目标在贯彻时往往让许多教师知难而退。[③]

第三节　心理因素

刻板形象和态度，如民族中心主义和偏见等是影响着跨文化交际的心理文化因素，让我们对交际对方的行为产生期待。反过来，我们的期待又会影响对对方的行为的解读和对对方行为的预测。高度民族中心主义者，倾向于从自己文化的角度去解读他者的行为，并且期望他者的行为表现与我们相类似。这无疑会导致对他者的信息的误读和他者未来信息误测。

影响跨文化交际的心理文化因素主要有：刻板形象和态度，如民族中心主义和偏见，等等。

---

① 贺春霞，崔建立.跨文化交际能力培养的影响因素及对策［J］.教学与管理，2007，（12）.

② 贺春霞，崔建立.跨文化交际能力培养的影响因素及对策［J］.教学与管理，2007，（12）.

③ 贺春霞,崔建立.跨文化交际能力培养的影响因素及对策［J］.教学与管理,2007,（12）.

下面就简单地论述刻板印象和民族中心主义这两个主要心理因素对跨文化交际的影响。

一、刻板印象

（一）刻板印象简述

李普曼（*Lippman*）认为刻板印象就是脑中的图像。他指出，刻板印象由两部分组成，即认知与情感。它会影响我们对某一群体感情的认知表达。

布朗（*Brown*）提出了作为心理表达的刻板印象的三个方面，具体如下。

（1）人总是以易辨性的特点如性别或种族等来分类的。

（2）每一类别有一系列的特性，这些特性属于所有或大多数该类别的成员，属于同一刻板印象群体的人被认为彼此相似。

（3）一组特性属于该类别的每一个人。

布朗（*Brown*）的观点与大多数作者视刻板印象为其他群体的心理表达是一致的。

我们在见面的瞬间就对对方产生了刻板印象。通常，我们会根据视觉线索如肤色、身高、身型、社会角色等对对方进行分类。我们的分类通常是在无意识状态中完成的。

（二）刻板印象的应用

1. 刻板印象在媒体中的应用

社会刻板印象经常用在媒体中，同时，我们也从媒体学到很多刻板印象。例如，在美国，周六上午的卡通片里的坏蛋都是非欧裔美国人。残疾人的形象总是痛苦的、自怜的、难适应的，健康人总难以接受残疾人的身份，等等。

可以说，媒体中呈现的很大比例的老人、残疾人和非欧裔美国人的刻板印象是负面的、不准确的。

2. 刻板印象在广告中的应用

刻板印象还在广告中使用颇广。如一个有关清洁服务公司的商业广告，声称其服务具有“德国人的彻底、瑞典人的无瑕、波兰人的灵活、瑞士银行的谨慎、俄国人承诺的廉价”。

3. 刻板印象的内容和一致性程度

自1933年以来，美国的有关专家学者就个人刻板印象问题在十个国家或民族（如美国人，非裔美国人，中国人，英国人，德国人，爱尔兰人，意大利人，犹太人，日本人，土耳其人）中做了一系列的调查研究来分析个人刻板印象的内容和一致性的程度。马顿（*Madon*）等的第二次研究包括了四百个特点以及每个特点在量表上的按序排列以表示该群体的特征。他们得出的结论如下。

在欧裔美国人实验样品中，大多数人认为德国人喜欢喝啤酒，意大利人忠实于家庭，非裔美国人喜欢听大量的音乐和喜欢吵吵闹闹，爱尔兰人喜欢喝啤酒，英国人竞争性强，犹太人非常宗教化和富裕，美国人重形式，中国人守纪律，日本人有科学头脑和守纪律以及土耳其人非常宗教化，等等。

在非欧裔美国人的实验样品中，也是大多数人认为德国人喜欢喝啤酒，意大利人大男子气，非裔美国人爱音乐而坚强，爱尔兰人喜欢喝啤酒，英国人自我为中心，骄傲和自由，中国人和日本人忠于家庭及土耳其人有文化，等等。这些结果今天显示出欧裔美国人和非欧裔美国人的刻板印象的相同与不同之处，但同时可以看出大体上是一致的。

结论也表明，刻板印象会随着时间的推移而发生变化。有的刻板印象会变得受人欢迎，有的会变得不受欢迎。

（三）刻板印象的影响

1. 影响我们处理信息的方式

我们的刻板印象影响着我们处理信息的方式。我们总是对于自己群体有益的信息记得多，对于他人群体不利的信息则记得多。这样反过来又影响我们对圈内与圈外人员的信息解读。我们处理信息总是受先前存在的信仰系统所左右。这些处理过程产生了刻板信仰的认知确认。

2. 让我们对他人产生期待

刻板印象令我们对他人的行为产生期待。我们往往认为我们的期望是正确的，而且总是按这种认定去行动。在与陌生人的交际中，我们总是无意识地试图去证实我们的期望。我们对对方的言辞、行为的解读、推论与判断总是要与事先存在的信念与印象保持一致性。

（四）刻板印象的形成原因

对陌生人的刻板印象的形成与我们与他们的权力关系有关。因为，当我们的权利高于他们时，我们一般就不去注意个性化的信息。而低地位的群体会认识到自己群体的劣势地位，而倾向于减少个人对歧视的脆弱性以便极力维护自尊。

一种阻止刻板印象影响我们行为的方法是抑制我们的刻板印象。然而，这种方法通常难起作用，甚至导致更多的刻板印象。当我们要抑制刻板印象时，在我们中那些持有高度偏见的人中间，其反弹效果极佳。对那些想要少偏见但却消极对待陌生人的人也如此。只有在那些少偏见的人那里才很少有反弹。处理复杂信息的能力与反弹效果相关。当处理复杂信息的能力被限制时（如高度的焦虑或过重的认知），就会发生反弹现象。

在跨文化交际中，我们往往根据他人的肤色、衣着、口音、汽车等进行分类，而并不采用他人的自我分类。但我们对他人的分类有时却是不准确的，有可能把他分在一个他本人不认同的地方。这点对于包括民族在内的所有社会分类相同。在前面，我们谈到了民族身份与文化身份的认同程度问题。

如果，我们归类一群陌生人，他们并不强烈认同自己的民族却强烈认同以民族为基础的文化，那么我们的预测很可能是不准确的。如果有一群强烈认同自己民族的陌生人，尽管他们不强烈地认同自己的文化，以民族为基础的预测倒很可能是准确的。

另一种文化定型的预测不准确的原因是社会群体间的界限的模糊不清。如年轻人与老年人之间的界限如何划分？甚至连肤色都不是那么容易界定。如一些肤色很淡的非裔美国人，看上去就像欧裔美国人。他们被归类为欧裔美国人仅仅因肤色的缘故。然而，他们也许强烈地认同自己的非裔美国人的身份。同样，深肤色的非裔美国人倒可能并不强烈认同自己民族的身份。由此可见，基于肤色对他们的行为判断或预测是不准确的。

综上所述，刻板印象或文化定型是我们把人们加以分类时的类别内容。我们所持有的文化定型对我们的跨文化交际有着直接影响。我们对陌生人行为的最初判断必须以陌生人的文化、种族和民族群体的文化定型为基础。如果我们的文化定型是准确的，我们就能对陌生人的行为在文化层面与社会文化层面进行准确预测；反之，则不能加以准确预测。

另外，假如我们生硬地套用文化定型，不去摸清他们的底细，那么我们就很难认识陌生人的真面目，把他们当具体的人来看（对他们个人的行为进行心理预测），我们对有关具体个人的行为的特性认识也会继续错下去。

二、民族中心主义

（一）民族中心主义的基本内涵

“民族中心主义”（ethnocentrism）一词从希腊语的两个字：ethnos，即国家和centron，即中心演化而来。这意味着当我们把我们的国家看成是世界中心时，民族中心主义就出现了。实际上，这个概念用得更广。

就某种程度来说，每个人都是民族中心主义的。因为我们是民族中心主义的，我们倾向于把我们自己的文化价值观和做事情的规则看得更真、更自然。

民族中心主义的一个主要后果是我们视我们自己群体的价值观与处事方法高于和优于其他群体的。另一个后果是它导致了我们与他人交往时感到焦虑。民族中心主义存在于一切文化当中。

（二）民族中心主义的特征

民族中心主义同恐外症不同。恐外症是指对陌生人的恐惧。克莱格（*Kleg*）指出，这种恐惧是我们每个人对陌生人会有的，是自然的恐惧感。恐外症的理由是陌生人被看成是对我们社会世界的预知和稳定性的威胁。民族中心主义并不是故意的。它已成为我们生活中不易察觉却无时不在的一部分。比如，在古代，“中国”两字，乃中央之国之谓也，其他地区则被贬称为南蛮、夷狄等。早期的希腊人，用barbarikos（半开化的野蛮人）指那些生活在他们周围而不会说希腊语的人。因不会希腊语，古代波斯人和埃及人在希腊人眼里都低人一等。美国人视自己的国家为世界的中心，称自己为American，俨然觉得自己是整个美洲的主人。

另外，每个国家的地图，都是把自己的国家放在中间最醒目的位置；不管自己在哪，不时可听到称别的国度的人为“夷”，等等，现实现象无不说明民族中心主义的普遍性。

（三）民族中心主义的对立面：文化相对论

民族中心主义的对面就是文化相对论。所谓文化相对论，就是在从他者文化或其他群体的背景出发去理解别人的行为（Herskovits）。如果我们只用我们的文化和民族的框架为参照，我们就没法理解对方的行为。

库伊特（*Kurt Vut*）曾在一本20世纪70年代出版的小学课本教师参考书的后记里写到，他直到在大学里才学习了其他文化。其实，在小学一年级他就该学。小学一年级的学生应该了解自己的文化不是一种理智的发明。世界上有成千上万种文化，每种文化都自成一体，发挥着文化该发挥的作用。

所有的文化起作用是因信仰而非真理。在我们的社会里，有各种各样的选择。文化相对论是能防御的，有吸引力的，是一个希望的来源。它意味着如果我们不喜欢，我们就可以停止这种，去选择另一种（Gudykunst）。为了理解陌生人的行为，一定程度的文化相对论是必要的。

然而，文化相对论会不会扩展到道德相对论？这可是个值得探讨的问题。影片《刮痧》中所反映出来的问题，可以说是对文化相对论的一个注脚。刮痧，在中国是中医的一部分，是流传了几千年的行之有效的治疗良法。可美国人只看到皮肤的表浅部分，认为孩子背上又红又紫，一定是受了虐待。根据美国法律，该孩子应受国家儿童福利局照管，其父母则需受法律制裁，看得观众唏嘘不已。

（四）民族中心主义的影响

1. 维持内部完整性

罗森布拉特（*Rosenblatt*）认为民族中心主义为维持内部群体的完整性起了以下几方面的作用。

（1）群体生存

具有高度民族中心主义与高度国家主义的群体在有外力威胁时更有可能生存下去。

（2）报偿明确

管理效能提高了（如政策力、决定权、劳动的划分、群体福利的提高）。

（3）增加了同质性

群体内部有了更多的同质的态度，更有内聚力以及更多的一致性。

（4）更有生命力与持续性

以持续性和能量来解决影响群体的问题。

（5）对付外人时更从容

由于群体内对维护群体的强烈的奉献精神，在对付外人时更从容有致。

（6）减少了社会的无组织性

群体内部的组织性加强了。

（7）增加了领导的任期

领导们很可能留在领导岗位上较长时间。

（8）新纠纷

在同质化的压力下，群体内部的纷争常出现。

（9）对外人的错误认识

由于认识有误，有关他者群体成员的特性的看法是不准确的。

（10）促进学习

当一致化的压力很普遍时，学习正确的群体内部的行为就容易了。

所以，民族中心主义对群体内部起着积极的功效，满足了群体成员的生活需要，加强了群体内部的团结，具有更大的内聚力但对他者群体的作用却是负面的。

根据卡茨（*Katz*）的看法，民族中心主义态度具有四个方面的作用。

（1）功利作用

高度民族中心主义让我们与我们的文化保持一致性，以便更好地获得回报。

（2）保护作用

民族中心主义保护我们，令我们免受难受的东西的侵扰。

（3）民族中心主义态度提供了一个价值观表达的功能

这种态度让我们在表达价值观时，好像它们是唯一正确与真实的价值观似的。

（4）民族中心主义提供了知识功能

它让我们根据我们的文化构建了一套关于其他文化人们的信念或看法。

2. 导致交际障碍

就跨文化交际来说，高度的民族中心主义会导致交际障碍。

具体说来，民族中心主义会导致对他者群体的认识错误。这种错误会让我们对陌生人的行为解读不准确。也就是说，民族中心主义导致我们用自己的文化框架作为参照，解读陌生人的行为，结果误读了陌生人的行为信息。如果我们不懂陌生人的行为，要进行有效的跨文化交际是不可能的。跨群体方面的认识影响着我们对陌生人的说话的方式。我们说话的速度与音调可以因感情距离不同而不同。彭（*Peng*）曾用“交际距离”这个概念来解释这一语言学的特征。

交际距离是不能直接衡量的，甚至是不可见的。但当我们听见一些词和表达法时，我们肯定它的存在。换言之，我们在交谈的过程中意识到的交际距离的存在，在很大的程度上是基于某种语言手段，从说话方来看，建立了交际距离，从听者方来说，让听者明白交际距离由说话方已设置好了。因此，在交谈时，我们与陌生人之间，建立了交际距离。

卢肯斯（*Lukens*）扩展了彭（*Peng*）的交际距离的概念，以便涵盖民族中心主义谈话。因为，民族中心主义谈话反映了三种交际距离。

（1）漠不关心。是对异文化的人表现得缺乏关心，对文化差异不敏感

（2）避免。避免或限制与其他群体的交往

（3）轻视或贬低。对其他群体表现出敌意和轻视

卢肯斯（*Lukens*）把这三种距离分别与低、中、高三种不同的民族中心主义联系起来。卢肯斯（*Lukens*）的以上三种交际距离是基于不同程度的民族中心主义，通过语言模式来展现的。但这三分法并不是问题的全部（Gudykunst）。民族中心主义只是一个硬币的一面，另一面是文化相对论。

文化相对论的观点，如前所述，要理解一种文化中的人们的价值观与行为只有以该种文化作为参照。民族中心主义与文化相对论经常是分别进行讨论的，它们是两种不同的态度。它们就像一个硬币的正反两面。高度的民族中心主义与高度的文化相对论可以看成是一个态度连续体的两端。我们至少可以列五个点在这个连续体上：高度的民族中心主义，中度的民族中心主义、低度的民族中心主义、低度的文化相对论，中度的文化相对论和高度的文化相对论。这五个点的每一个都反映了不同的交际距离。

跨群体态度除了以上所探讨的民族中心主义外，还有民族偏见、性别歧视和年龄歧视等。所有这些跨群体态度与前面提到的刻板印象都并不是一成不变的。根据布鲁尔（*Brewer*）与米勒（*Miller*）的研究，有三种办法可以改变我们对他人的态度与刻板印象。

（1）把他人群体作为一个整体改变对待他们的态度。

（2）增加跨群体认识的复杂性。

（3）否定分类。

米勒（*Miller*）与加特纳（*Gaertner*）增加了两种办法以改变跨群体期望。

（1）重新分类。

（2）相互区分。

如果说，在现阶段以美国为代表的西方发达国家在跨文化交际上的核心障碍是民族中心主义的话，中国当前的跨文化交际中心障碍则主要是自卑与崇洋媚外的心态。美国的高科技程度及其领先世界的综合国力无不有意识与无意识地影响着国民的心理。刻板印象是我们对陌生人的行为在文化层面与社会文化层面上的最初的期待。刻板印象是有效的话，我们就能够对陌生人的行为做出准确的预测。

当然，假如我们不愿对我们的刻板印象打个问号，我们就永远不能对陌生人进行准确的心理文化预测。也就是说，如果我们的刻板印象生搬硬套的话，我们就永远不可能认识作为个人的陌生人。

民族中心主义让我们用自己的文化标准来解读与判断陌生人的行为。这种倾向不可避免地引起我们对陌生人的行为误读，对他们的行为的误解，结果增加了彼此误解的可能性。既然，我们每个人都无法豁免受民族中心主义与偏见的影响，我们就应该有意识地控制我们的态度反映，以便让我们进行真正有效的跨文化交际。跨文化交际的双方各受彼此所属的群体、彼此的角色以及如何定义人际关系的影响。

我们知道，我们所属的群体和交际对方的群体都在影响着价值观、标准和规则。我们的社会身份比我们的个人身份更影响着我们与他人的交际。根据我们对陌生人的归类，引导我们行为的社会身份有我们的文化身份、民族身份、性别身份、社会阶层身份、年龄身份、角色身份和宗教身份等等。支持对方的身份在交际中显得尤为重要。

在跨文化交际中，如果我们在与不怎么认同自己民族身份的对方交往时，我们却关注对方的民族身份，那么我们就没有支持他们的自我观念，显然不利于交际的成功。反之，假如对方很强烈地认同其民族身份，而我们却对这一点视而不见，我们同样没有支持对方的自我观念，也不利于交际。角色身份也随文化的不同而不同，要较准确地理解与预测交际对方的行为的话，有必要了解他们的角色期望。此外，我们形成的刻板印象与我们所持的跨群体态度，是我们作为群体成员在我们所处的各种文化中社交所得。反过来，我们所形成的这些跨群体态度与刻板印象又使我们对陌生人的行为形成了期待。

环境及我们对环境的观察影响着我们与陌生人的交际，以及我们作为陌生人的交际。自然环境影响着我们的感受，感情，态度，同时这些又反过来影响我们的行为。

此外，自然环境的某些方面对我们预测陌生人的行为以及我们解读接收的信息有直接的影响。例如，一位来自美国的交流学生拜访哥伦比亚的一个家庭，在人家的起居室里，他很可能会以为这是个非正式的场合，可以行为随意。但他的预想错了，在哥伦比亚家庭的起居室是个要求行为正规的正式交际场地。所以，要做出准确的预测和正确地理解接收的信息，我们必须知道对方如何定义交际正在发生的场所。无论我们在自己的地盘或我们在他人的地盘进行交际，了解这一点都很重要。

我们对环境的看法也直接影响我们如何解读所接收的信息和对陌生人的行为做出判断。在一些文化里，自然屏障是私人权调节器；在另一些文化里，自然屏障并不是私人权的调节机制，心理屏障才是。由于所处的文化类型不一样，在跨文化交际中误解是很容易发生的。作为陌生人，他们不能找到他们想要的私人权，因为不同的文化的人们并不认识同一屏障。同样，主人们也很可能误读陌生人的行为。

三、文化相对主义

（一）文化相对主义简述

显而易见，民族中心主义对跨文化交际的影响是极其负面的，我们应采取的态度恰恰是民族中心主义的反面，即“文化相对主义”。也就是说，任何文化都是一种历史形成的客观事实，都有其存在的合理性，不同文化之间有差异，却没有优劣之分。因此，一种文化中的行为只能用该文化自身的准则去理解和评价，这意味着在与不同文化背景的人进行跨文化交际时，只能用对方的价值观念、思维方式、社会规范等作为标准来解释和评价其行为。

（二）文化相对主义作用

事实证明，降低民族中心主义所带来的弊端的有效途径是创造机会，加强不同文化群体的接触，唯有频繁接触才能消除偏见，克服民族中心主义。比如在交往中建立平等的地位，建立共同的目标；不同文化群体加强合作，避免不必要的竞争；在尊重彼此法律和习俗的基础上相互交往，创造有利的和谐气氛；共同参与重要活动，产生令人愉快而有利于双方的成果等等。

总之，在以上条件下的跨文化交往会在很大程度上帮助我们改变固执的成见、减少偏见和克服民族中心主义。

当然这还意味着，在不利条件下，我们必须有意识地审时度势，尽量防止加剧已存在的民族中心主义偏见。就消除民族偏见而言，除了改善双方的媒体传播质量，达到真正的信息对称之外，与对外汉语专业的教学也有很密切的关系。在进行跨文化交际的教学时会碰到各种文化定势与偏见。文化本身随着社会的发展而不断地发展，不同历史时期的文化有不同的特点。随着时代的发展，各种文化都处于一种变化的过程中。在现代信息社会中，文化的变化更是日新月异。在开放、合作、和平、发展的全球化国际大环境中，要顺利进行跨文化交际，必须理解他国或他民族的文化，若仍按文化定势去交际，则无法沟通。

我们要用辩证的、发展的观点来看待问题。在跨文化交际的教学中，我们应该有更多的自信，对西方文化的适度了解只会促进学生对目的语文化的理解和认识，只会让他们对目的语深层文化有更多了解，更好地促进跨文化交际的实现。由于历史文化、社会体制等各方面的原因，我们与英语国家存在许多差异。我们应客观分析文化的共性和差异，打破思维定式，既不全盘接受，也不一概否定，引导学生对外国文化持正确的态度，消除传统的偏见。

第六章 跨文化交际能力的构建与培养

跨文化交际能力是在跨文化交际环境中由语言交际能力、非语言交际能力、语言规则和交际规则转化能力以及文化适应能力所组成的综合能力。在跨文化交际中，人们往往会发现，他们不仅外语交际能力受到了巨大的挑战，他们母语文化的交际规则和思维方式也常常行不通。他们的价值观念也常常受到误解或责难。所以，一般的交际能力是难以完成跨文化交际任务的。只有跨文化交际能力才是跨文化交际中必要的能力。

本章主要围绕跨文化交际能力的构建与培养展开具体论述，内容包括跨文化交际能力的概念、分类、构成要素、培养以及跨文化人格的塑造。

第一节 跨文化交际能力的概念及分类

一、跨文化交际能力的概念

早在跨文化交际学在学术界确立之前，跨文化交际能力的概念已经随着研究者的理论取向与具体样本的不同而不同。因此，跨文化交际能力，有时又被称为跨文化调解、跨文化适应、跨文化理解、海外成功、个人的增长/调解、跨文化效果及海外经历的满足，等等。近二十几年来，以上这些概念渐渐统一成跨文化交际能力（intercultural communication competence）。

要定义跨文化交际能力，就该先定义交际能力，因两者在很多方面都是相同的。所谓交际能力，通常由两个概念组成：有效性与得体性。

有效性是指交往中获得预期效果的能力。一般情况下，这种能力被认为是通过学习与社交获得的基本人类需要或是与个人智力和教育无关的能力。对双方来说，这种能力随着对相关因素的认识的提高而增强。维曼（*Wiemann*）把交际能力的概念从有效性的角度进行了综合。在他看来，交际能力是交往者选择通用的交际行为的能力，即在该场合的条件许可范围内，成功地达到自己人际交往的目的而又顾全了他人的面子及相关的一切。这一定义提出交际能力是他者取向的，同时，交际者必须成功地达到自己的交际目标[①]。

得体性指的是交往者满足了该场合的基本语境要求，主要包括三个方面的内容，具体如下。

（1）语言语境，即用词、说话与话题等。

（2）关系语境，即信息的结构、类型与风格是否与目前的具体关系相和谐。

（3）环境语境，即考虑象征性的或现实的环境对信息所加的限制。

从大体上来讲，行为的得体性含有以下三种能力。

（1）认识到语境是如何制约交际以达到得体的言行，运用自身的能力与社会知识认识到不同的场合有不同的规则。

（2）避免不得体的回应，如不必要的紧张、怪异与恼人的反应。

（3）完成交际的功能，如得体地控制自己、分享感情与信息、仪式化及想象，等等。

有关学者延伸了格蕾斯（*Grace*）的有关交际得体性含义的研究，主要表现在四个方面，具体如下。

（1）话语量正好——不多也不少。

（2）不说假话或缺证据的话。

（3）说话符合场景与话题相关。

（4）清楚自己要表达的信息及尽快发送。

由此可见，他把交际得体性的数量、质量、相关和信息发送这四个要素的方式具体化了。有效性与得体性的两个标准结合起来会影响交际的质量。 施皮茨贝格（*Spitzberg*）在他最新的跨文化交际能力研究成果里提出了四个可能的交际风格。为了使各位读者更好地了解这部分内容，我们将其列举如下。

（1）最小化的交际指的是既不得体又无效而且明显地交际质量低。

（2）充分的交际（sufficing communication）指的是得体而无效率，即适应性很强但没有达到交往的个人的目标。这里， 施皮茨贝格（*Spitzberg*）表明充分的风格指的是充分满足了语境的基本要求但仅此而已。

（3）最大化的交际发生在一个人有效地达到了个人的目标但代价是语境行为非常的不得体。这种风格包括语言的侵略性、不择手段的行为、欺骗行为、侵犯别人的权力或贬低别人等。

（4）最优化的交际（optimizing communication）发生在交际者双方达到自己的个人目标同时，又符合语境的标准要求。

以上的四个交际风格虽然对有效性与得体性的分析不够具体，但有助

① 张舍茹．对交际能力定义的重新思考［J］．北京印刷学院学报，2008（02）

于洞见社会交际场景中的交际能力标准的辩证关系。

跨文化交际能力的研究文献表明，跨文化交际能力与交际能力有很多雷同之处（Martin，1989；Spitzberg，1988，1989；Wise— man&Koester，1993）。唯一的区别是，跨文化交际的学者们，把重点放在语境因素上（除了交际能力的有效性与得体性外）。他们认为跨文化交际能力不仅指的是人与人之间有效而得体的交往，而且是在现实具体而又象征性的环境里的人与人之间的有效而得体的交往。这一取向与把交际能力看作具体语境行为的交际研究者们的想法有异曲同工之妙（Spitzberg&Cupach，1984）。

虽然相关学者认为交际能力是与他人有效而又得体地交往的能力，但其定义总带有不同程度的模糊、困惑与不准确性。例如，维曼（*Wiemann*）（1977）的“通用的行为”（available behaviors）或者“场合的制约”（constraints of the situation）等都必须加以明确的说明。为了避开这些问题，我们可以把跨文化交际能力定义为：在一个具体的交际语境里，交际者双方认知彼此多种的文化身份、有效地协商文化含义并得体地施展有效的交际行为的能力。从这一定义可以看出，一个具备跨文化交际能力的人，不仅知道如何有效而得体的与人和环境交际，而且知道如何通过尊敬与肯定对方的多重文化身份来达到自己的交际目标。

二、跨文化交际能力的分类

施皮茨贝格（*Spitzberg*）与库帕克（*Cupach*）（1984）总结出了跨文化交际能力的类型，我们将其列举如下。

（一）基本能力

基本能力把重点放在一般能力上，即有效地适应新环境以达到自己的目标。从该角度来讲，基本能力是指个人交际者有效地进行跨场合交际所需的认知能力。

（二）社会能力

社会能力强调具体的而非一般的能力。他们列举了诸如移情、角色扮演、认知复杂性及交往管理等具体的社会能力。

（三）人际能力

人际能力强调通过成功交际完成任务与达到目的能力。人际能力认为，除了基本能力与社会能力重要外，它关注的是交际者如何运用一些技巧来调控环境以在具体的交际场合取得交际的成功。

（四）语言能力与交际能力

语言能力和交际能力与交往过程中的语言与信息相连。语言能力研究如何适当地认识语言。这一概念来源于乔默斯基（*Chomsky*）的研究。交际能力强调我们不仅要知道如何使用语言，而且我们必须也能得体的运用语言知识。

（五）关系能力

关系能力的整体本质就是把上面所提的各个方面融成一体。交际过程的独立性与交互性是关系能力中最重要的部分。要有效地与对方交往并达到目标，我们必须与对方建立一定程度的关系。这种关系跨越了多重维度，如语言、职业、民族与国家，等等。

第二节　跨文化交际能力的构成要素

施皮茨贝格（*Spitzberg*）与库帕克（*Cupach*）（1984）曾明确指出，动机、知识与技能组成了跨文化交际能力。动机指的是我们与他人得体而有效地进行交际的愿望。这里主要指的是我们与陌生人的交际动机。知识指的是为了有效而得体地交际而必须具备的意识与理解。技能是进行有效而得体的交际活动的能力，如图6-2-1所示。

动机：
安全的需要，预测的需要；
成为圈内人的需要；
避免过多焦虑感的需要；
分享一个世界的需要；
物质满足的需要；
维持我们自我观念的需要。

知识：
关于如何收集信息知识；
群体差异的知识；
个人相似性的知识；
多种解读的知识。

技能：
留意的能力；
容忍模糊的能力；
处理焦虑感的能力；
移情能力；
准确预测与解释的能力；
调节我们行为的能力。

图6-2-1 跨文化交际能力的结构

或许我们有很强的动机，但缺乏得体而有效的知识和技能。我们也可能有动机和必要的知识但缺乏技能。具备了动机、知识和技能并不保证我们能够进行有效而得体的交际。有几种因素会影响我们的行为。例如，我们会对异文化中的某些事物感情上感到实在难以接受。西方人如果看到东方人在吃狗肉，会觉得无法忍受。如果不能认知地或留心地控制感情反应的话，那么他们的行为在东方文化里很难会被认为是得体的。

与我们交往的陌生人也可能是我们是否被视为胜任交际的一个因素。如果与我们交往的陌生人认为我们不能胜任交际，那么我们在交往过程中很可能行为笨拙。另外，即使我们不了解必要的知识，但如果我们模仿他人的行为有时也能取得有效而得体的交际效果。但这并不是最好的策略。维曼（*Wiemann*）与凯利（*Kelly*）指出，“没有技能的知识在社交上是无用的，没有对场合要求与规定认知判断能力就不可能获得技能[①]”。

我们的动机、知识和技能同我们和陌生人的交往相互作用构成了交际能力。我们已经提到了两种结果：得体性与有效性。其他潜在的结果包括（但不限于）：人际魅力、信任与我们交往的满足、人际关系的发展（如亲密）、冲突协商、适应其他文化和建设社区等（Gudykunst，2003）。

下面，我们主要围绕跨文化交际能力的构成要素展开具体阐述。

一、动机

人类的一些基本需要促使我们有动机与他人交往。基本需要是人类生存的基本状态，一旦不被满足就会产生被剥夺的感觉。经过长期的研究与分析，我们对有动机因素的基本需要的构成因素做出了总结，主要归纳为七个方面，具体如下。

（1）作为人类的安全需要。

（2）预测的需要。

（3）成为圈内人的需要。

（4）避免过多焦虑感的需要。

（5）分享一个共同世界的需要；

（6）象征或物质满足的需要。

（7）维持我们自我观念的需要。

我们对以上的各种需要的觉醒程度各不相同。对前三方面基本上没有

① 胡超．跨文化交际：E-时代的范式与能力构建［M］.北京：中国社会科学出版社，2005.

意识到，第四方面稍稍有点意识到，后三个方面倒是最清楚。

我们的每个需要无论混合与分开都影响着我们如何与陌生人交际，即我们如何介绍给陌生人、我们的意图以及我们的习惯，等等。以上这些需要之间是相互影响的。例如，如果满足不了成为圈内人的需要、预测、安全或维持自我观念的需要的话，焦虑就产生了。动机的强度与以上四种需要所导致的焦虑感相关。其中的三种需要在与陌生人交际时是很关键的，值得深入探讨，具体如下。

（一）预测的需要

视对方的行为不可预测，是人们在跨文化交际中经常动机不够的主要原因之一。特纳（*Turner*）（1988）认为，为了交际的目的我们需要信任其他人，相信他们是可靠的、他们的回答是可预测的。通常是当陌生人的行为是可预测时，我们感到与他们交往中会有一种韵律或节奏在。而当陌生人的行为是无法预测时，我们感到与他们的交往中缺乏韵律，而且经历着一种浓重的焦虑。

只要一种需要没有被满足，我们就会很难预测陌生人的行为。一个很重要的原因在于，我们较陌生人有不同的交际规则，在与陌生人进行语言交际时，我们通常遵从自己的规则。例如，日本人根据自己文化的准则，认为会话中的沉默是很正常的现象，但美国人认为沉默是会话流的切断，是会话中的节奏与韵律的消失。

对陌生人交往行为的低预测性导致了与陌生人交往的低动机性。一种解决办法是在与陌生人交际时要留心。我们要留心地提醒自己缺乏预测性不一定是陌生人的原因，而可能是群体差异的原因。了解这些有助于我们理解正在发生的事情，从而提高对陌生人行为的理解能力。此外，从留心的角度看，不确定性或缺乏预测性创造了寻求意义的自由。只要存在有意义的选择就有不确定性。

（二）避免浓重的焦虑感的需要

在特纳（*Turner*）看来，浓重的焦虑是一种普通或不具体的失衡状态。焦虑感源于对将要发生的事情的不安、紧张、担忧、恐惧等心理。这是一种对负面结果恐惧的场合的感情回应（Stephan&Stephan，1985）。特纳（*Turner*）争论道，浓重的焦虑感来自于对安全、预测、圈内化、自我确认等需要的不满足。在交际中，如果我们没有满足这些需要的话，我们的行为中心就会是试图处理因需要的不满足而导致的焦虑。因为平常我们并没有高度地意识到这些需要，所以一时之间难以确定焦虑的来源。结果是人们在交往中，相当一部分的能量用来解决因以上需要的缺乏所引起的不适问题。

在跨群体交际中，焦虑感是重要动机因素之一，太高或太低都会导致不良的效果。焦虑感太高，我们会避免与陌生人交往作为处理我们焦虑感的一种方法。如果焦虑感太低，我们就会缺乏足够的刺激因素进行交往。因此，我们要善于调节焦虑感，以令其不过高或过低。

（三）维持自我观念的需要

高焦虑感的另一个结果是维持自我观念的需要变为非常重要（J.H.Turner，1988）。在跨文化交际中维持自我观念的难度比在一般交际中要多得多。施伦克尔（*Schlenker*）（1986）解释说我们的自我观念由我们所有的各种身份和我们的理论组成。“身份与任何理论一样，包含着有机的经验内容以及指引与调节着我们的思想、感情、行为的主动过程。……它影响着对信息的观察、处理与回忆……它起着指引行为的文本作用。它包括了比较与评价行为的标准。[①]”因此，我们的自我观念对我们如何与陌生人交往和有意或无意的选择，产生着重要影响。

特纳（*Turner*）（1988）提出我们努力维持着自我观念，即使不惜动用防御机制（如拒绝）来保持我们对自己的看法。我们对支持自我观念的需要直接影响我们的交际。据研究结果显示（Cushman，Valentinsen，Dietrich，1982），我们总是被支持我们的自我观念的人所吸引，并观察到如果我们要与陌生人建立与维持关系的话，陌生人需支持我们的自我观念。

在跨群体交往中，交际的一方或双方观察到对方并不支持自己的支持自我观念，是一个经常会遇到的问题。如果是在一个自然交际的场合，这种情况一般是回应消极，交际很难继续。然而，如果我们在交际过程中很留心，我们会认识到陌生人与我们不同，强调的是自我观念的另一方面。例如，个体主义者强调的是个人身份，集体主义者强调的是社会身份。所以，交际双方相互支持自我观念的失败可能不是由于缺乏关心，而是对自我观念的重要方面的理解的群体性的差异不同。例如，日本人与美国人交往，日本人总是问美国人有关社会身份的问题，而美国人期待的却是有关个人身份的问题。如果美国人视之为缺乏对他们的自我观念不支持，他们

① 胡超．跨文化交际：E-时代的范式与能力构建［M］.北京：中国社会科学出版社，2005.

就会在与日本人交际时缺乏动力。但如果美国人留心这个交际过程，他们就会发现这只是文化差异。所以，这也就不会对美国人与日本人交际带来负面影响。

（四）避免接近的趋势

人们往往会在大多数时间内和自己相似的人交往，与自己不同的人很少有交往。如果我们与陌生人交流不很成功又不能轻易地从中摆脱出来，那么我们成为圈内人的无意识的需要就得不到满足。这就导致了我们的焦虑感。我们处理焦虑的方法之一是退到熟悉环境并把交往圈子缩小到只与相似的人交往。人们总是认为自己是没有偏见的、关心人的人。我们希望陌生人能维护我们的自我观念。同时，有两种态度并非不同寻常。不容置疑的是，避免过度的焦虑的需要与维持自我观念的需要的融合导致了避免跨群体交往的取向的出现。

二、知识

所谓跨文化交际能力的知识部分是指要进行得体而有效的交际的知识意识，包括具体的技能知识和在与陌生人交际中如何应用。在与陌生人的交际中，我们也有必要知道有关陌生人的群体的情况。为了更加准确地解读信息，我们将先探讨我们如何收集有关陌生人及其群体的信息。

（一）关于如何收集信息的知识

伯格（*Berger*）（1979）提出了关于收集他人信息和处理不确定性的三大类型的汤古（*Yuko*）策略，即被动、主动和互动的策略。为了说明问题，我们将以一个日本人Yuko的跨文化交际为例。

当我们采用被动策略时，我们采取了一个“不引人注目的观察家”角色。很明显，我们所观察的汤古（*Yuko*）所在的场合影响我们收集有关她的资料的数量。如果我们在观察女子汤古（*Yuko*）时，她并没有跟人交往，那么我们所得的有关她的资料就少。相反，如果她很快就同几个人交往，那我们就可以比较汤古（*Yuko*）如何与不同的人交流。如果我们认识汤古（*Yuko*）正在交谈的人的话，我们就可以比较汤古（*Yuko*）是如何与我们认识的人交往，又如何与我们交往，看看有什么不同。另外，如果当时还有别的日本人在场，我们就又可以比较汤古（*Yuko*）的行为与其他的日本人有什么不同。还有一种情况会影响我们对汤古（*Yuko*）资料的收集量。如果场合是正式的，那么她的行为很可能是她扮演了该场合要求的角色。这样的话，我们就对她的个人本身情况了解并不多。非正式场合里的行为并不受角色或社会礼仪的约束就可以提供较多的关于汤古（*Yuko*）的行为。

上例都是我们作为观察家角色时发生的。处理不确定性的主动策略要求我们在没有同汤古（*Yuko*）直接交往的情况下，获取有关她的信息（Berger，1979）。我们获取有关汤古（*Yuko*）的资料的一种方法是问认识她的人的问题。这种方法的缺陷是我们所获得的信息可能不准确。因为，我们所采访的人可能会有意误导我们或他们并没有很了解汤古（*Yuko*）。

我们还可以采取询问接触了某一群体的人们或通过图书馆收集某一群体的信息。例如，我们收集有关日本的资料，有三种方案：询问那些到过日本的人；或阅读有关日本文化的书；或修习一门日本文化的课程。这样我们就了解了汤古（*Yuko*）的文化背景，让我们可以对她的行为进行文化层面的预测。同样，我们要提醒自己两点，即信息提供者的信息可能不准确，汤古（*Yuko*）可能不是个典型的日本人。

还有一个关键的地方，在于好的信息提供者的选择。通常情况下，有过很多跨文化交往经验的人比没什么交往经验的人更适合当信息提供者。还有，在两个跨文化交往经验都丰富的人中，谁在跨文化交际的场合表现得更出色，谁就是最好的信息提供者。

在这里，需要特别指出的一点是， 以上两种方法都不与被收集资料者直接接触。互动策略指直接与被收集资料者接触，是指问答法和自我暴露法（Berger，1979）。采用问答法时，要注意其局限性。第一是我们只能问这么多的问题，即使这样，有时也显多；第二是所问的问题必须符合交往的性质与交往者彼此的关系。此外，还有另外的局限性，有些问题对陌生人来说是可接受的，在我们却未必。当我们的问题涉及为什么他们这么做时，他们往往不能回答。同时，当我们在与陌生人交往时，我们也不想显得愚蠢或粗鲁。因此，我们就经常避免问陌生人问题。如果我们克服了自己显得愚蠢的恐惧，问答法却是一个最好的方法。前提是我们的问答对象必须是了解我们并不想判断他们，并积极地回应我们。这样他们才能放松地回答有关他们个人的问题。另一个方法是自我暴露法，也就是告诉陌生人我们自己的情况。自我暴露法以其互惠准则作为信息收集策略。互惠策略指的是如果我帮你做什么，你会互惠地为我们做些事情。互惠策略具有文化普遍性，存在于所有文化中。

通常在会话中，互惠准则发生在不是很熟的人中间，如第一次见面或一般认识的人中间。我们告诉对方有关我们自己的情况，对方也往往会告诉我们他们的情况。我们就某个问题提出我们的看法，对方也会把他们对同一问题的看法告诉我们。如果我们就某个话题发表了我们的看法，对方并不回应的话，很可能我们谈的话题在他们文化中是不很恰当的。另外，自我表露的时机与节奏快慢也随文化的不同而不同。我们可能会把握不好时机或在一个不恰当的节奏来自我表露。

群体差异的知识。很多人认为，要与其他群体的人交往，我们必须聚焦于彼此的相似性。其实事情并非这样。如果陌生人强烈地认同自己的群体，而我们却只强调彼此的相似性，那他们会感觉自己的自我观念没被确认。跨文化交际中，陌生人来自不同的文化、不同的民族、不同的年龄、不同的社会阶层及残疾人员群体，等等。要进行有效的交际，我们必须了解自己群体与他人群体真正差异。这些差异通常一般源于我们的民族中心主义、偏见、性别歧视、年龄歧视和刻板印象。然而，这些差异可能是不真实的，如我们的刻板印象可能是不准确的，我们所面对的陌生人的也许不是他们群体中的典型人物。

认识到这些差异会促进有效的交际。例如，科尔曼（*Coleman*）和德保罗（*De-Paulo*）（1991）经研究发现，比起不愿透露自己残疾的人来，正常人更愿意同那些透露自己是残疾人的人打交道。尽管，透露自己的残疾人的身份，不是每次都被别人接受，但明确告知别人自己的身体上的不便，确实会减少不确定性和紧张情绪，并增加了残疾人的魅力。残疾人得体的暴露自己的残疾会减少交往上的麻烦。

要有效地进行跨文化交际，我们有必要了解我们群体与他人群体以及我们个体与个体陌生人之间的实际差异。如何了解其实际差异？一种方法就是学习，成为多种文化的专家。但显然，这种方法是不实际的。

在具体的交际活动中，我们可以用文化变易尺度来初步了解自己文化与他者文化的真正差异。如，我们可以用Gudykunst与Nishida（1994）提出的几点文化差异来帮助美国人更好地了解日本人的交际：

（1）了解日本是一个集体主义文化的国家，日本人相互间的互依性较强。

（2）在日本，高语境的交际信息比低语境的交际信息多得多。人们都重视交际的间接性。

（3）日本文化是一个高度避免不确定性的文化。讲究礼仪，注重交际中规矩分明。

（4）日本是个权力距离很大的国家。强调交际中的身份。

（5）日本是个高度男性化社会。强调同性间的交往，在许多社交场合，男女是分开活动的。

以上五个方面并不全面，但基本上概括了影响日本人交际的几个重要文化变易尺度。这些概括性的文化说明能起到一定的作用，帮助了解彼此间文化的差异。但具体到个人时，我们必须了解他们是如何看待他们的文化的，即他们对自己的文化的认同程度。我们也必须更进一步地了解人际间的差异。

（二）个人相似性的知识

如果想更有效地进行跨文化交际，那么不仅要了解文化差异，还要了解文化的相似性。在群体层面了解其相似性是重要的，但在个人层面发现其相似性才是关键的。发现相似点要求我们留心交际过程。

留心的方法之一是创建新类别（Langer，1989）。建立新类别的方法之一是把大类别分为小类别。我们的类别越小，我们与该类别内的陌生人的交流就越有效。在交际过程中，我们会有意识地寻找与陌生人的相似性，并根据相似性建立新类别。如，我们的孩子是否上同一个学校？我们是否是同一个学会的？陌生人的职业经历与个人经历是否与我们有共同之处？陌生人家庭的烦恼是否与我们相似？前两个问题同我们的群体成员身份有关，后两个问题与我们的世界观、态度或信仰有关。

Bellah，Madsen，Sullivan，Swidler与Tipton（1985）指出我们应该找出我们的共同性，因为只有更细致地了解我们共同的东西，共同追求的目标，我们之间的差别才不会具有威胁性。要寻找共同性要求我们关注偏见。Brodie（1989）指出，种族主义、性别歧视、对同性恋的恐惧、宗教和文化的褊狭等让我们与他人分开。

实际上，大多数人成长和生活在像我们一样的人中间，我们习惯了彼此间的一致性和共同性。当遇到与我们不同文化的人时，我们往往注意不同之处。由于过于关注交际中的差异性，有时不免夸大了其不同之处。根据朗格（*Langer*）（1989）的研究，个人一旦满足了对差异的好奇心，就意味着理解就开始了。所以，在她看来，对差异保持好奇心是该做的事情。

三、技能

与陌生人有效而得体的交往的技能，与我们处理不确定性和焦虑感之间存在十分紧密的联系。处理焦虑感与不确定性需要以下几种技能。

（一）留意的能力

在跨文化交际中，一个很重要的方面就是处处留心。我们必须从认知上去意识到从自己文化的角度解读对方的交际行为的危险性。一开始，就要在这方面高度地留心整个交际过程。但常常，即使我们在与我们亲近的人的交往中，我们都没留心跨文化交际的过程。特米哈依（*Csikszentmihalyi*）（1990）提出，“与人分享自己内心最隐秘的感情与思想是世上少有的开心自在的事情。即使听起来很普通，但它实际上要求注意力集中（留心）、开放性和敏感性。事实上，在友谊关系中，心理能量的投入程度并不是很高”。

特米哈依（*Csikszentmihalyi*）还认为我们必须控制我们的生活，如果我们想要改善我们与他人的关系的话。这种控制要求我们要留心。

关于留心，朗格（*Langer*）（1989）提出了三点内容，我们将其列举如下。

（1）新类别的创建。

（2）开放性地接受新信息。

（3）多视角的意识。

朗格（*Langer*）（1989）指出，“类别化是基本而自然的人类活动。是我们认识世界的方式。任何试图以消除观察力的来消除偏见的想法是注定会失败的”。她认为我们要做的是进行多多地分类。

我们要开放性地接受新信息。我们对文化定型的内容根据具体情况进行调整，灵活地处理文化定型，让其具有“开放与闭合”功能。如果紧抓闭合的文化定型不放，就会导致对陌生人的行为产生不准确的解读与预测。如果把文化定型开放化，我们就能接受与文化定型无关的行为并让我们准确地解读和预测陌生人的行为成为可能。

有时在跨文化交际中，我们把注意力集中在交际的结果，而不是交际的过程。然而注重交际的结果并不能促进有效的交际。要进行有效的交际必须关注交际的过程。尤其在可能产生交际误解的可能性较大的时候，我们必须留心和警觉正在发生的交际过程。根据朗格（*Langer*）（1997）提出，留心的概念涉及五种心理状态。我们将其列举如下。

（1）对新鲜事物抱开放心态。

（2）对不同抱警觉心。

（3）对不同语境的敏感性。

（4）显性或隐性的多重视觉。

（5）目前的取向。

每种状态会导向其他状态，然后又回归自己。学一门学科或一门技术，以一种对新鲜事物开放性、主动注意不同、语境和观察力的心态，就会让我们对变化更容易接受。在这种心态下，基本技能和情报引导着我们目前的行为，而不仅仅是像计算机程序一样会自动运行。

处理以上这些行为会使我们关注交际的过程，而不是仅仅注意交往所能带来的结果。

朗格（*Langer*）（1997）指出当我们留心时，我们不能过分警觉。其原因在于，如果过分警觉，那么我们就会把注意力放在陌生人身上，而我们会由于注意力的静态性而感到疲倦。

如果我们警觉恰当，我们就会在与陌生人的交往中寻找新奇感，接收新信息。当我们在与陌生人的交往中发现新东西时，我们就会感到快乐。同时，我们的快乐反过来又会促进我们的交往。

我们有几种提高跨文化交际有效性的方法。如一种协商意义的方法，是通常由本国人在跨文化交际当中，在会话中出现误解时，与陌生人协商信息的意义。另一种技巧是修补术，即在我们不明白时，要求陌生人重复所说的话。修补术通常是由第二语言／外语使用者采用的方法。

协商意义的方法与修补术是超交际——关于交际的形式。还有一个与留意／心相关的超交际的另一方面，即反馈。我们如果留意，我们就会在交际过程中，注意我们自己的回应和对方的反馈以及他们如何解读我们的信息。这就要求我们提高有效的听力能力。只有这样，我们才能留意交际，关注性地理解陌生人的看法。

留意／留心是跨文化交际中最重要的技巧。我们留意我们就占主动，在具体场合中，我们有意识地做出选择以便进行有效的交际。无意的行为不管多有技能或多有动机，不能替换有意的行为。如果在日常交际中，我们能多留心，我们就会更有效地交际（Langer，1997）。

（二）容忍模糊的能力

所谓容忍模糊的能力指在交际中许多该知道的信息都不知道的情况下，在各种场合进行成功交际的能力。缺乏容忍模糊性的结果是认为模糊不确定的场合是带威胁性、不够理想的。如果我们对模糊性容忍度低得话，我们常常凭第一印象就对陌生人进行判断。我们还会找出信息来支持我们的信念。相反，如果我们对模糊性的容忍度高得话，我们会寻找场合和陌生人的客观的信息。如果我们有高度的模糊性容忍度，我们就会对自己、对陌生人更开放性地接受信息（Pilisuk，1963）。

在各种场合中，如果我们能够很好地容忍模糊性，那么就能在交际中十分自在。鲁本（*Ruben*）与基尔利（*Kealey*）（1979）指出，对模糊性的新场合的反应不适越小就越能适应新文化。在新环境里引起的不舒服往往是由于熟悉的环境被改变了，导致了混乱、失望和人际敌意。在部分人看来，他们能较好地适应新环境和较快地满足变化了的背景要求。鲁本（*Ruben*）与基尔利（*Kealey*）的研究表明对模糊性容忍度越高，我们在其他文化中完成任务的效率越高。

我们对模糊性的容忍影响我们所寻找的信息类型。对模糊性低容忍度的人们想收集的是支持他们信念的信息。对模糊性高容忍度的人们想收集的关于陌生人的客观的信息（McPherson，1983）。客观的信息对理解陌生人和准确预测他们的行为是有必要的。

（三）处理焦虑感的能力

我们所经历的焦虑感的强度，对我们与陌生人交往的动机和效果能够产生很大影响。焦虑感太强或太弱，我们都无法有效地进行交际。如果焦虑感太强，我们就会一心想着如何处理焦虑感而无法进行有效的交际；如果焦虑感太弱，我们就会缺乏足够的与陌生人交往的动机。肯纳利（*Kennerley*）（1990）提出了处理焦虑感时的两个问题，即控制身体症状和控制思想担忧和认知反常。有几种身体症状与焦虑感有关。在我们高度焦虑时，我们会出现呼吸困难、心跳加速、肌肉紧张等症状。肯纳利（*Prather*）（1986）提出，暂时离开该场合能够很好地处理焦虑感。这可以是身体上离开也可以是精神上离开一会儿。直到我们静下来后，再回去。如果焦虑平静不下来的话，我们还须做一些事情来恢复我们的宁静。我们有控制身体症状的各种方法，包括瑜伽、冥想、催眠、逐步肌肉放松法、呼吸放松法，等等。

此外，我们还可以通过克服我们认知变形来控制我们在思想上的忧虑。我们解读自己和他人的行为时，我们的观察是变形的。伯恩（*Burns*）（1989）提出了多种影响我们解读行为的认知变形。要克服忧郁的思想，我们得留心交际。要长期有效地处理焦虑，我们就要停止曲解思想过程。

第三节　跨文化交际能力的培养

对于中国外语教育而言，培养学生的跨文化交际能力是亟待解决的重要问题。近年来，中西文化差异造成的误解不断突出，因此让学生了解英美文化及其与我国文化的差异，是十分必要的。

经过长期的研究与分析，我们对跨文化交际能力的培养策略做出了总结，主要归纳为以下几个方面。

一、明确英语教学的目的

英语教学的根本目的就是培养学生运用英语进行交际的能力，这是英语教学的出发点和归宿，也是英语教学的总体理念。每一位教师在教学过程中都不能忘却这一目标。

在英语听、说、读、写四种语言技能中，说的难度最大，学生能否学好英语，运用英语进行交际主要取决于会不会“说”。 因为，语言首先是口语的，书面语是在口头语的基础上逐步发展起来的，教师在教学中应遵循语言发展的这一基本规律，即遵循听说领先，读写跟上的语言教学规律。

二、培养跨文化意识

培养学生的跨文化意识①，也是十分重要的一点。实际上，获取跨文化意识要经历一个漫长而又艰苦的过程，需要一个层次一个层次地提升，一个台阶一个台阶地攀登，直至最终达到具备满意的跨文化交际能力和文化适应的水平。

① 张舍茹．对交际能力定义的重新思考［J］．北京印刷学院学报，2008（02）.

胡超．跨文化交际:E-时代的范式与能力构建［M］.北京：中国社会科学出版社，2005.

胡超．跨文化交际:E-时代的范式与能力构建［M］.北京：中国社会科学出版社，2005.

所谓跨文化意识是跨文化交际中认知方面的问题，指的是对影响人们思维与行动的文化习惯的理解。跨文化意识要求人们认识到自己具有文化属性，也要基于同样的认识去探寻其他文化的突出特征。只有这样，他们才能在跨文化交际中有效地理解他种文化人们的行为。由于每一种文化都有其独特的思维方式，不同文化之间的误解就往往会在跨文化交际中造成严重问题。

王利伟．中西方文化差异与英语跨文化交际能力的培养［J］．萍乡学院学报，2011（25）.

（一）跨文化意识的层次

跨文化意识具有一定的层次性。经过长期的研究与分析，我们对其做出了总结，主要归纳为以下四个层次。

1. 第一层次——旅游者心态

这一层跨文化意识的特点在于从母语文化的角度观察其他文化，看到的往往是表面而又孤立的现象，而且易于将这些现象模式化，将个别事件看成是普遍现象，将表面现象看成是文化的本质。新来者还会受到“三大敌人”的严重干扰，具有强烈的文化偏见，但对新文化也有一种新奇感。

2. 第二层次——文化休克

这一层跨文化意识的特点在于对新文化了解的缺乏和对新文化环境的不适应，导致文化误解和文化冲突频频发生，新来者受到文化休克的严重困扰，易于感情用事，对新文化和新环境容易产生对抗或逃避态度。因此，这一阶段有三个心理特点，即无所适从、惶恐不安和抗拒心理。

3. 第三层次——理性分析与愿意适应

随着跨文化知识的增长、对新环境的熟悉和与新文化的人交往的增多，开始对所遇到的文化差异和文化冲突进行冷静的理性分析，开始产生主动了解和积极适应的愿望和要求。

4. 第四层次——主动了解和自觉适应

通过对新文化环境和跨文化交际的熟悉和适应，能够深入“观察”和了解新文化的特征，包括新的社会情况、人们的生活习惯、行为准则、交际规则、思维方式与价值观念，并且愿意甚至自觉地不断提高对这些文化特征的认识，慢慢达到承认和接受文化差异。至此，跨文化交际者开始将跨文化意识提高到一个新的层次：熟悉和理解新的文化或新的交际对象，愿意做出一定程度的自我改变，以适应新的交际对象或手的文化环境。此时，也就达到了初步文化适应的水平。

（二）提高跨文化意识的步骤

跨文化意识的提高需要一个长期的过程。而提高该意识是有规律可循的，其步骤在于五个方面，如图6–3–1 所示。

尊重新文化并乐于与新文化的人交往
(Respect and Willingness) ↘

积极参与新文化和/或与新文化的人交往
(Communication and/or Participation) ↘

理解新文化的现象与交际行为，并相信这些现象是合理的，是有其文化渊源的（Understanding and Believability）↘

愿意调整自己的认识与行为，开始理解并主动适应新的交际环境或文化环境（Plasticity and Empathy）↘

最终达到适应新文化的交际行为和新文化环境的水平
(Adaptation)

图6-3-1 提高跨文化意识的步骤

三、进行交际文化差异的教学

要充分利用和挖掘教材内容中的文化信息，将中国文化与英美文化交织在一起，不失时机地对学生进行交际文化差异的教学[①]。比如，在课堂教学中要求学生多多注意中英文化负载词内涵差异，中英身势语和禁忌语方面的文化差异，中英饮食文化差异，等等。

四、利用现代化教学手段

随着社会的发展，科学技术的进步，现代化教学手段日趋多样化。因此，每位教师都要充分利用因特网获取更多文化信息，利用现代化教学手段加强课堂效果和文化知识的积累。

五、与英美留学生与外籍教师开展文化交流教学活动

与书本相比较而言，留学生及外籍教师的现身说法更容易为学生所接受。这可以弥补课堂教学的不足，给学生创造出更多了解英语文化，培养

① 王利伟. 中西方文化差异与英语跨文化交际能力的培养 [J]. 萍乡学院学报，2011（25）.

交际能力的机会。

六、理性对待文化差异，引导学生树立正确的文化价值观

对于文化差异，教师一定要理性对待；如果无法保持中立态度，那么就会对学生产生消极的影响。此外，教师要积极引导学生树立文化多元意识和文化平等观念，从而形成正确的文化价值观。总而言之，文化差异是跨文化交际的障碍，克服这一障碍已成为世界共同面临的问题。因此，大学英语教学应该对中西文化差异给予足够的重视，强调文化背景只是对于语言学习和使用的重要性。教师不仅要传授必要的语言知识，还要多侧面、多层次、多渠道地使学生了解中西文化差异，只有做到这些，才能真正使学生的跨文化交际能力得到培养。

第四节　跨文化人格的塑造

众所周知，人类对万物、对自己的认知总是由表及里、从知之甚少到知之甚多，并在不断地认知的过程中，渐渐地改变着自己、成长着自己，从而人类的文明会走向一个人类社会的理想状态——世界大同。跨文化交际，无论发生在什么领域，也不管发生在什么层面，都涉及具体的人与人的交往。换言之，就交际而言，不管你代表的是谁，参与者必定是具体的人。随着跨文化交往的增多，具体的参与者显然就会从每次的交往中，无论是成功还是失败，通过总结经验与教训，有所收益，不断地调整着自己，从而达到跨文化功能健全、心理健康、跨文化身份的形成，最终成功地塑造出体现自己内心成长的跨文化人格。

在不熟悉的环境中，人往往会本能地、竭力地想弄清楚当地的行事规则、习惯、要求等，以便调节自己的行为和合理地解读他人的行为。跨文化的人应该说达到了这一努力的结果，表现出了健全的功能，在遇见来自环境的外来挑战时，表现出了处事得体的内在能力。这种健全的功能，就是通常我们所说的某人“很适应”某种环境，具备顺利地完成日常行为各项活动的能力，并感到心情舒畅。这显然与跨文化交际能力及交际过程直接相关。这种交际能力是能够把握整个环境的需求并加以理想地满足与融合的个体的能力。

跨文化交际的双方间的主观意义系统的一致性，是跨文化交际功能的日益健全的主要体现。功能健全的个人对异文化和交际模式的观察不仅

较清楚，而且还较客观，并具有较宽的视野和分辨性。除了观察能力的提高外，功能健全者表现为随心所欲地与异文化的人们进行感情与审美层次的交往，并随时根据具体场合有效地、创新性地进行行为调整。吕施（*Ruesch*）（1957 / 1972）曾说，成功的交际的标准之一是对整个模式、构成成分、融合、合成、顺畅的相互适应，以便在交际过程中，没有人觉得负担过重或无所事事，于是，信息的交流达到高效、清楚、经济和时间把握得当。

评估陌生人的意义是否一致的方法在于，观察他们与当地人的交往，评估他们交往的顺畅性，并取得陌生人对自己的评价以及当地人对陌生人的评价，检验陌生人与当地人的观察内容的相关性。健全的功能的高级状态进一步体现了“最佳交际的能力”——在具体的异文化环境中自我做主不是简单地受当地的行事规则所束缚而是游刃有余的交际能力。

随着功能的健全化，跨文化交际者的心理也逐步趋向健康，每个人的认知能力、情感能力和操作能力越来越强，更加和谐。心理健康是个正常的、想当然的状态，很难具体观察。因此，也常常被人们忽视。倒往往是一些偏离常规的心理症状会引起人们的关注。比如，文化休克的症状包括自我否定的症状、自尊感低、精神低落、社交孤独、总体上对生活不满意、无助的环境的受害者的无奈以及沮丧苦恼等。这些交际障碍反映出陌生人在异文化环境里遭遇到的严重的心理或精神失衡现象。

通常情况下，陌生人的精神变态或人格变异的经历会通过对当地环境露出敌意或攻击性表现出来。这就有如“挫折—攻击假设”，陌生人经历到了适应的需要，但又因缺乏跨文化交际能力而不能做到，结果只有遭受挫折。这种挫折，反过来，促使陌生人贬低适应的需要，削弱了他们与外界交往的心念。同时，挫折还会表现为攻击性，而攻击的目标却不是导致他们受挫折的东西。受挫折，即目标的未达成的原因是有可能复杂的、也可能是简单的、还可能很难让当事人理解。这种原因可能很具体但却很有威力，可能会对攻击性的行为施加严重的处罚。因此，要善于疏导攻击性的情绪，使攻击性的行为尽量微妙化、间接化、延缓化。

伴随着功能的健全和心理的健康而来的是身份的出现。这种跨文化身份具有复杂的结构与丰富的内涵。它不同于形成于源文化背景的单一身份，它超出了源文化的范围。跨文化身份是陌生人在一个新的文化环境与当地人不断交往的过程中渐渐成型的。与指定的身份与随意给予的身份相反，这种跨文化身份倒与Grotevant的（1992）外来身份或Phinney（1993）的获得的身份相一致。由于人性的共同性与同一性，人类虽说不同语言，但也可以互相沟通与理解。随着互联网的普及，不同文化背景人们交往的增多，人们在跨文化转化的过程中对他人更富于同情心与敏感性，在不同的竞争之中寻到共同点和互补性。

跨文化身份赋予了个人一种特殊的自由与创意，即一种面对具体场景突破常规制约的随意行动的能力。跨文化身份的形成与人类成熟的两大特点相一致——精神融合和客观性。成熟的人主要表现在两个方面：高度的内在和谐和对自己保持不偏不倚的超然态度。在跨文化转变中，陌生人努力把自己从原先的地方文化观念的无形束缚中摆脱出来。这是一个悄然演进的过程，充满荆棘与挑战。不容置疑的是，跨文化人格是在无数次的大大小小的内心危机后才赢得的。但一旦获得则不是边沿性的产品，而是代表了高度的精神进化。在这个过程中，普通人挣扎着要从对自己和他人的生物与社会分类中冒出来。当个人在两种或以上的语言与文化中很熟练，并朝能包容多个群体的广泛的群体身份方向移动时，他们就能对不同的哲学和意识系统做出客观比较。

总之，跨文化人格的出现是对自己、他人和整个世界的特殊导向。个人的成长是通过广泛性地积累文化、压力、适应、成长等经历而获得的。由此可见，跨文化人格的形成是在历经艰难，在跨越文化界线的自我与他人身上寻求真实性的结果。

参考文献

[1] 范亚玲. 语篇照应视角下英汉指示代词对比研究 [D]. 南京：南京航空航天大学，2016.

[2] 李晶. 英汉思维方式与语言形式对比研究 [J]. 语文建设，2016（21）.

[3] 戴梅. 浅析英汉句子结构对比与翻译 [J]. 英语教师，2016（03）.

[4] 牟薇薇，汪全新. 英汉语言文化对比研究 [J]. 萍乡学院学报，2015（02）.

[5] 王利伟. 中西方文化差异与英语跨文化交际能力的培养 [J]. 萍乡学院学报，2011（25）.

[6] 邹薇. 文化差异与跨文化交际能力 [J]. 长沙大学学报，2010（01）.

[7] 吴叔尉，胡晓. 英汉语言对比与翻译 [M]. 北京：中国书籍出版社，2015.

[8] 曹盛华. 英汉语言对比与中西文化差异探究 [M]. 北京：中国水利水电出版社，2015.

[9] 李建军，盛卓立. 英汉语言对比与翻译 [M]. 武汉：武汉大学出版社，2014.

[10] 闫文培. 全球化语境下的中西文化及语言对比 [M]. 北京：科学出版社，2007.

[11] 潘文国. 汉英语言对比概论 [M]. 北京：商务印书馆，2010.

[12] 何三宁，李忠明. 汉英语言对比与翻译 [M]. 北京：中央编译出版社，2015.

[13] 安晓宇. 汉英语言及文化对比研究 [M]. 北京：中国水利水电出版社，2015.

[14] 左飚. 中西文化对比研究——冲突·互补·共存 [M]. 上海：上海外语教育出版社，2009.

[15] 黄勇. 英汉语言文化比较 [M]. 西安：西北工业大学出版社，2007.

［16］包昂，包惠南. 中国文化与汉英翻译［M］. 北京：外文出版社，2004.

［17］张舍茹. 对交际能力定义的重新思考［J］. 北京印刷学院学报，2008（02）.

［18］贺春霞，崔建立. 跨文化交际能力培养的影响因素及对策［J］. 教学与管理，2007（04）.

［19］何善芬. 英汉语言对比研究［M］. 上海：上海外语教育出版社，2002.

［20］祖晓梅. 跨文化交际［M］. 北京：外语教学与研究出版社，2015.

［21］刘荣，廖思湄. 跨文化交际［M］. 重庆：重庆大学出版社，2015.

［22］李信. 中西方文化比较概论［M］. 北京：航空工业出版社，2003.

［23］李建军，李贵苍. 跨文化交际［M］. 武汉：武汉大学出版社，2011.

［24］胡超. 跨文化交际实用教程［M］. 北京：外语教学与研究出版社，2013.

［25］吴为善，严慧仙. 跨文化交际概论［M］. 北京：商务印书馆，2009.

［26］魏志成. 英汉语比较导论［M］. 上海：上海外语教育出版社，2003.

［27］熊文华. 汉英应用对比概论［M］. 北京：北京语言文化大学出版社，1997.

［28］Linell Davis. Doing Culture—Cross—Cultural Communication in Action［M］. 北京：外语教学与研究出版社，2001.

［29］Kramsch，Claire. Language and Culture［M］. 上海：上海外语教育出版社，2000.

［30］Robins，R. H. General Linguistics［M］. 北京：外语教学与研究出版社，2000.